リュック・ボルタンスキー

道徳判断のしかた

告発／正義／愛／苦しみと資本主義の精神

文化科学高等研究院出版局

知の新書
006

[philosophy/economy/culture//actuel]
directed by Tetsuji Yamamoto

目次

本新書の元である邦訳は、
ボルタンスキー『偉大さのエコノミーと愛』（三浦直希訳、EHESC出版局、2011年）において、さらに実証論稿「「日曜日の電話」における愛のメッセージ」と三浦直希の解説論文「リュック・ボルタンスキーと資本主義の変容――正当性とエコノミー」を収録して刊行されている。
それを元に新書用に再アレンジし、タイトル、表題、小見出しなど変え、読みやすくし、部分的に改変し、問いも理解を助けるべく導入的に書き換えした。正確なオリジナル本を見られたい。三浦氏訳があってこそ可能なことであった。ボルタンスキーの理論を知るというより、彼の考え方によって自らの道徳判断が日々いかようになされているのかを知るためのものへと書き直してある。それが彼の言うプラグマチックな意味であると考えるが、多岐にわたるな内容ゆえ、まとまったタイトルをつけるのが難しい、ボルタンスキー論述である。

（編者）

初出は
＊「偉大さのエコノミー――社会批判と道徳感覚」三浦直希訳『季刊 iichiko』一一〇号（二〇一一年一月）
原文/Luc Boltanski, "Critique social et sens moral: pour une sociologie du jugement", in Tetsuji Yamamoto (ed.), *Philosophical Designs for a Socio-Cultural Transformation: Beyond violence and the modern era*, ISLA 1., Rowman & Littlefield, 1998. 856p Presentation given at Paris, France, September 17th,1997.
（『季刊 iichiko』七一号（二〇〇一年一〇月）・七三号（二〇〇二年一月）に藤井達夫訳。）
＊「シテと正当化と場所」三浦直希訳『季刊 iichiko』八一号（二〇〇四年一月）
＊「『正当化の理論』をめぐって」三浦直希訳『季刊 iichiko』八二号（原文 Autour de *De la justification*: un parcours dans le domaine de la sociologie morale, IICHIKO, no.82, spring, 04.2004, pp.97-116 も収録、二〇〇四年四月）・八四号（二〇〇四年一〇月）。季刊 iichiko への特別寄稿である。

正義と愛と苦しみ――偉大さのエコノミーと正当化

判断はどのようになされているのか

社会批判と道徳感覚：判断の社会学のために

Critique social et sens moral:
pour une sociologie du jugement

――あなたがローラン・テヴノーと一九九一年に出版した著書『正当化の理論――偉大さのエコノミー』は、何を考察されようとしたのでしょうか？　聞き慣れない表題で、「偉大さ」がエコノミーに関係するとはどういうことなのでしょうか。ブルデューとの協働ワーク次元から十年以上の沈黙をへて離床されて、『幹部』論（1989年）、「愛と正義」論（1990年）をもって固有の理論閾を開いて論述され、それをまとめられています。いかなる考えをもってボルタンスキー社会学は飛躍されていったのでしょうか？　私たち個々人の日々の営みの実際を明証化されていますが……。

人の社会行為は利害関係／力関係だけではない

経済学者のローラン・テヴノー（Laurent Thévenot）とわたしは、一九八四年から八五年にかけて『正当化の理論――偉大さのエコノミー』の草案にとりかかりました。これは理論的な著作ではありますが、とりわけ企業における経験的研究をなしたことよってたえず育まれてきたものです。『正当化の理論』で提示された分析の枠組みは、次に、さまざまな分野、とりわけ労働の分野での一群の研究に使われました。この本で展開された論拠は、以下のように要約することができます。

八〇年代の多くの研究と同様、われわれは六〇〜七〇年代に流行した理論のドグマ的偏向に反対する態度をとっています。そうした理論は、フーコーやブルデューの影響下で、彼らが若い頃に（五〇年代 の高等師範学校で）愛読した（バタイユ版の）ニーチェ哲学と、学生から嫌われないよう六〇年代末に遅れてとりこんだマルクス主義とを混合させたものでした。

すべてのアクセントを力関係や利害関係、さらには暴力に置く（象徴的暴力のような概念は、あらゆる社会関係を暴力の一形態とみなすことを可能にするわけですから）こうした理論に抗して、われわれは人々が正当化可能な合意において一致する状況が存在することを示そうとしました。力関係と利害関係は確かに存在しますし、非常に重要な論点ではあります。しかしわれわれの考えでは、すべての人間関係が力関係と利害関係だけに支配されるなどという世界は、まったく疑わしいものです。そうした世界が持続的に維持される可能性はわずかでしょうし、その結果、そうした世界は一種の最悪なもののユートピアになると考えます。

とくに疑わしいのは、そうした理論構築において規範性や道徳に割りふられた役割です。これはとりわけ、ブルデューの社会学にあてはまります。彼の社会学は、それが（単なる構造主義ではなく）経験の社会学でもあろうとするかぎり、普通の人々が支持する行為の根拠を完全に無視することはできないはずです。デュルケームが言ったように、そうした根拠はしばしば道徳的ないし利他的な次元のものだからです。（象徴的な、ソフトな、隠蔽された、等々の）暴力を人間関係の基盤にすえる理論にそれを統合するためには、みずからの社会学を「欺瞞」という心理主義によって根拠づけなければならなくなります。ブルデューにおける「代行為者 agent」は二重化されている概念です。人々は（自分で考えて論理的に）行為するが、自分が何をしているかを知らない（あるいは知ろうとしない）。右手は左手がしていることをいつも知らずにいる、等々。あなたも、これは実に奇妙な人間学だということに同意されるでしょう。

ですからわれわれは単純に、普通の人々の言説における（そしてまたこれとは別に行為における）道徳的要求、特に正義の要求への言及という問題を真摯に受けとることをみずからに課して、（社会科学という狭い分野以外も含んだ）社会に関する新たな紋切り型となりつつあったものに反対する態度をとったのです。われわれは、仮にそうした要求が利害を隠蔽する仮面の役割を果たすだけならば、一種の経済原理との関連だけについてでも、すでに消え去っていたであろうと考えます。なぜなら、まるで信じてはいないのにそれが尊重されているのだと、他人や自分自身に信じさせるような道徳や正義の要求にたえず準拠することは、きわめて高コストである、等々だからです。

よってわれわれは、正統性（légitimité）の問題を真剣に受けとめたかったのです。周知の通り、マックス・ヴェーバーの場合、正統性への準拠は異なる解釈をもたらす対象となることがあります。それは時に、ひとつの固有の圏域として提示されています。また時には「正統化 legitimation」として、つまり純然たる力や利害の関係を、欺瞞的な論拠によって単に事後的に合法化することとして登場します。社会科学でほとんどの場合行われてきたのは、この第二の解釈です。

われわれの野心は逆に、ある状況においては——もちろんすべてではありませんが——、特に力関係が比較的均衡している状況では、人々には正当化（justification）の要求が課せられていると考えることでした。人々は自分たちの判断を正当化しなければならない、と。たとえば、「わたしはこの学生を受け入れたくない」と言うとします。もしその理由を尋ねられ、「顔が気に入らないからだ」と答えたとしたら、これは教育委員会で受け入れられるような正当化にはなりません。人々には、悪しき理由と受け入れられる正当化とを区別する能力がありますし、社会生活の最中にたえずそれを行っています。われわれは、こうした正当化が受容されるためにとりうる、とるべき形式を説明する分析の枠組みを構築しようとしたのです。

われわれは、経験的に「論争 dispute」の状況から出発しました。ちなみにわたしは以前、不正の告発に関する研究を行ったことがあり、これは一九九〇年に出版した『能力としての愛と正義』に再録されています。わたしは、『ル・モンド』紙の一般情報局が受けとった三百通の手紙（むしろ書類と言うべきもので、最大で四〇頁にも及びます）を分析しました。これらの手紙ないし書類は、不正を告発する人々によって送られたものです。送付の仕方は実にさまざまでした。手紙は集合的な人格——たとえば組合、人道主義団体——や個人、そしてあなたやわたしのような教授（不正の告発の手紙の著者のうちではかなりの数です）、あるいはいかなる特定の身分も告げずに自己紹介する人々によって送られたものでした。（二通を除き）公表されなかったこれらの手紙について、わたしが質問したジャーナリストたちはこう言いました。「こうした手紙のかなりの数は、精神病患者、偏執狂からやってきます。もちろんそれ以外のものは、真剣に受けとめなければなりません」と。わたしはこの資料体を、精神医学や心理学に属するとみなされるものと、社会学の管轄に属するとみなされるものとに選別も分割もせず、全体そのものを扱うことに決めました。

わたしは次のような手順を踏んだのです。まず、これらの手紙とそれに付属する書類を、五人のボランティアからなるパネルに読んでもらいました（およそ四〇時間かかる仕事です）。わたしは彼らに、それぞれの手紙を読んだ後で、差出人の正常さまたは異常さに応じ、手紙に一点から一〇点までの点数をつけるよう求めました。著者は狂人である、完全に狂人であると判断するならば、一〇点をつける。完全に正常な人間であると考えるなら、一点をつける。両者のあいだで迷うならば、五点をつける、等々です。

次にわたしは、判断と手紙、およびそれに付属する書類の特性とを関係づけるため、統計学的分析にとりかかりました。特性は、およそ二五〇の変数（たとえばテクストは手書きあるいはタイプされているか、脅迫や侮辱の言葉を含んでいるか、用いられているレトリックの文彩は何かなど）を抽出することであらかじめコード化しておいたものです。手紙とそれを対象にした正常性の判断とを関係づけるために、わたしは「告発の文法」を構築することを試みました。別の言葉で言えば、正常性の通常の感覚を満たし、考慮に値すると判断されるには、公的な告発はいかなるものでなければならないのか、という問いに答えようとしたのです。

たとえば、告発が正常で受け入れられるものと見なされるには、いかなる種類のレトリックの文彩、筆跡、文体等々を用いなければならないのか。必ずしも真ないし正当なものと見なされるというより、むしろ正常性の最低限の基準を満たさないことで即座に拒絶されずに、正常な誰かに由来するものだと見なされるにはどうしているのか。

ローラン・テヴノーとわたしが『正当化の理論』を書こうとした際、われわれは一方ではこのような研究から、また他方ではテヴノーの研究から出発しました。当時彼は国立統計経済研究所に所属しており、幹部集団の形成に関する問題にとりわけ関心を抱いていました。これには、わたし自身も一九八二年に出版した書物（『幹部たち』❶）ですでにとりくんでいたことです。それは用語体系の構築とコード化の問題だったのですが、われわれの注意をそこに向けたのはアラン・デロジエール（Alain Desrosières）でした。それにテヴノーは経済学者ですから、それはまた生産物の標準化と生産活動のさまざまな要素の形式化という問題で考えられていたことでもあります。さらにこのプログラムは、かなりの部分、後に「コンヴァンシオン経済学」（慣習習経済学）とよばれることになったものの源泉となっています。

『正当化の理論』に戻りましょう。われわれが研究を開始した経験的分野は、人々が批判や正当化を交わす論争でした。われわれは、批判の社会学とコンセンサスの社会学との対立から抜けだせる仕方で、批判に課せられる制約と正当化に課せられる制約を解明し統合しうるような枠組みを構築しようと試みました。われわれの目標は、普通の人々が展開させる批判活動を社会学の対象としてとらえる手段を獲得するために、批判社会学から抜けだし、――政治的理由のためではまったくなく、方法論的理由のために――社会学者の批判的立場を宙吊りにすることでした。われわれは、人々が日常生活において用いる批判能力の社会学を作りたかったのです。

七〇年代に支配的だったのは、マルクス主義の影響を受けた社会学です。そうした社会学に対するわれわれの反論のひとつは、次のようなものです。そうした社会学は支配の効果を強調しすぎている、エスノメソドロジーが言うように、人々を「文化中毒者 cultural doped」として扱っている、そしてわれわれひとりひとりがきわめて重要な批判能力を有しており、それを日常生活の諸状況で用いていることを理解していない、と考えたのです。それは、必ずしも公的な状況だけではありません。家に帰ると、あるいは同僚たちとまだコーヒーマシンの前にいる際にも、批判は発現することがあります。ですからわれわれは、論争の最中においてなされる批判と正当化との分析枠組みを構築しようとしたのです。われわれは、論争はひとつの問題に、つねに同じ問題に還元しうると考えました。それは、ある状況に現前する諸存在の相対的な「偉大さ」(を設定している)という問題です。ですから、われわれはこの本に『偉大さのエコノミー』という副題をつけたのです。

論争と同等性の原理

あなたにとても単純な例を、礼儀作法の例で示しましょう。夕食の場面を想像してください。あなたの父、妻、子供たち、祖母がおり、また招待客として家長の雇い主がいます。もちろん家の女主人は、給仕の順番は重要ではないと考え、食卓の周りで皿を回してもらい、会食者たちに順番に料理を自分でとるよう提案することもできるでしょう（フランス語では、このような場合に用いられる表現があります。「儀式ばらずに」料理をとると言うのですが、これは制約をゆるめること、作法の要求を括弧に入れること、つまり人々の重要性と給仕の順番とのあいだに関係が存在することの否認を意味します）。もしこのような仮説を採用しないならば、順番を決めなければならなくなるでしょう。そしてそうした順番は、そこにいるさまざまな人々に付与される相対的価値を明白に示すでしょう。普通フランスでは――少なくともわたしが若い頃にはそうでした、現在では少々廃れてきていますが――、高齢者、女性、招待客、それから狭義の家族に属する成人、最後に子供という順番で給仕していました。職業的状況では、むしろ職階の順番にしたがうことになるでしょう。ここで採用した例では、それゆえひとつの緊張が明らかになる恐れがあります。まず祖母に給仕すべきか、それとも家長を雇う企業の経営者、取締役か。会食者たちが帰れば、この緊張は家長とその妻との論争へと悪化するかもしれません。

われわれは、このような事例では、この種のコンフリクトに適用しうる種類の解決策を説明する文法を構築する手段があるはずだと考えるのです。

別の例を、今度は企業や研究所の例を挙げましょう。二人の研究者がコンピューターを使用しています。コンピューターの一方は古い機械で、他方は新しい高性能の機械です。研究者のひとりはこう反抗するでしょう。良い機械はいつも（たとえば年長である、あるいは上の職位を占めているという口実で）自分より情報科学がずっと得意でない同僚に与えられ、自分にはいつも古い機械が与えられる。これは不公正だ！ と。

このような論争から抜けだし合意にたちもどるには、そこにいる諸存在の相対的な大きさを評価せねばなりません。そしてわたしが「存在」と言うとき、わたしは人間存在だけのことを考えているわけではありません。問題はまさに、人間と非人間が、B・ラトゥール（Bruno Latour）が言うように事物が、この場合は機械がいかなる仕方で構成されているかということです。合意にたちもどるには、それゆえ人間と事物とをある関係において関係づけうるのでなければなりません。そうした関係のおかげで、彼らの相対的な偉大さを評価し、彼らの価値、あるいはお望みならば大きさ、偉大さに応じて人々への財の分配（それは物質的な財や象徴的な財でありえます）を調整し、彼らのあいだに「同等性」を築くことができるのです。

ご存じのように、正義は分配における平等の要求に準拠することで意味をもちます。しかし、これはすでにアリストテレスに見られる古い主題ですが、平等を算術的平等として理解することはできません。分配が正当であると明言されるには、分配が行われる諸存在の相対的価値と関係づけられねばなりません。ですから、平等の要求の前段階として原器・尺度が必要であり、われわれが「同等性 équivalence の原理」とよぶものが必要なのです。こうしたものによって、人々や事物をある状況において評価するために関係づけることができるようになるのです。

「同等性の原理」の概念は、われわれの理論構築の中心的地位を占めています。「同等性の原理」は、このうえなく多様な諸存在を、ある関係において比較することができます。そうした比較を行う手段を人間存在がもっていなかったら、彼らはたえず混沌のなかにとどまり、社会的秩序という観念自体が場違いなものとなるでしょう。

われわれの仮説によれば、社会的秩序の可能性を構想するには、二つの水準からなる構造を手にする必要があります。これは、ルソーの『社会契約論』の「共通の上位原理」という観念とともに登場する考え方です。われわれは、この観念を継承しました。二つの水準からなる構造は、一方では無秩序に四散した人々を、それぞれが特異であるとみなしうる対象と混ざり合った人々を含みます。そして他方では、そうした人々や事物をある関係において比較可能にする、よってそれらのあいだに秩序をもたらしうる「同等性の原理」や形式が登場する、規約的な水準を含みます。

しかし、論争のすべての状況が唯一の「同等性の原理」、唯一の「偉大さの原理」に準拠するだけで解決しうるなどと考えるのは、もちろんまったく不条理です。ですから、いくつかの偉大さの原理が存在すると考えなければなりません。しかしそれは無数ではありません。われわれが価値の社会学に対して行う非難のひとつに、こう言ってよければ、「価値」とよぶべきものの決定に関する極度の寛大さがあります。価値の社会学は、明言された選好をすべて「価値」とよびます。もしわたしがあなたに「わたしはベルギー人とはあまり気があわない」と言うなら、わたしは反ベルギー的価値をもっていると言われることでしょう。このような曖昧さは、しかしながら普通の人々が行っている不当な選好と正当な価値との区別を無視しています。よってわれわれは、唯一でもなく、無数でもなく、限られたいくつかの「同等性の原理」が存在するはずだと考えました。そしてそうした原理が正当なものとみなされるには、その構築はいくつかの制約を満たさなければならないのです。そのような同等性の原理は、社会学の観点からすれば、超越論的存在ではなく歴史的な存在とみなされなければなりません。もちろんその結果、その歴史的、社会的な有効性の範囲という問題が生じます。「同等性の原理」は偶然的ではありませんし、原理的に普遍的なわけでもないのです。

これらの偉大さの原理を明確化し種別化するために、われわれは一方では論争に関する実地調査――その際われわれは、さまざまな当事者が提示する批判的論拠や正当化を書きとめました――、他方では西洋政治哲学のいくつかの古典の再読とのあいだを往復しました。われわれは実際、西洋政治哲学のさまざまな理論構築は（少なくとも「共通善の観念」に依拠しようとする哲学の場合は）、（われわれが哲学者であったらおそらく控えていたであろう一種の無礼さでもって）文法学者の著作として扱いうると考えたのです。すなわち、人間存在とそれ以外の存在に共通するある性質が、「同等性の原理」を構築する基盤となりうるかを検証するための〔古典的な〕著作です。

われわれはこのような方法で、社会生活の論争において本質的役割を果たすと考えられる六つの同等性の原理を抽出しました。わたしは現在、第七の原理が目下定着しつつあり、一方われわれが抽出した原理のひとつは消滅しつつあるという仮説について研究しているところです〔『資本主義の新たな精神』❺の執筆中〕。これについては、すぐ後でまた言及します。

六つの同等性の原理＝シテ：古典から

例を挙げましょう。あなたは本を出版します。あなたの同僚が、その本について論じると想像してください。彼らは本について論争するかもしれません。彼らのひとりが、たとえばこう言います。「この本にはまるで価値がないよ。著者はまじめな研究をしていないから、本当の科学的調査研究が行われていないから」と。別の誰かが言い返します。「なるほど君が言うとおりかもしれないが、それでもこの本はとても想像力に富んでいる」と。さらに、三人目がほほえみながらこう結論します。「何よりこの本はよく売れたし、今日重要なのは売れることだ」。

こうしてあなたは、この本を評価する一群の異なる観点を手にすることになります。われわれは、論争中に正当な仕方で準拠しうる六つの観点を特定しました。すなわち、人々の尺度化を可能にする六つの「同等性の原理」です。われわれは最初に、これらを政治哲学の古典を通じて記述しました。それぞれの観点は偉大である仕方を、よってまた卑小である仕方を指し示しています。われわれは、これらの構築を「シテ cité」とよびました。なぜならこれらの原理の周囲に、正当とみなされた秩序〔序列〕を築くことができるからです。つまり、ある共通善の定義に依拠した共同性における、人々の秩序〔序列〕です。

①インスピレーション的シテ

われわれはこうした「シテ」のうち最初のものを、われわれが「インスピレーション」とよんだ同等性の原理の周囲に構築しました。われわれは最初に、これをアウグスティヌスをもとにして、とりわけ恩寵に関する著作をもとに記述しました。「インスピレーション的シテ」では、あなたは外的なある力、ある始原の翼で打たれる、触れられるときに偉大となります。これは聖人たちが、そして今日では芸術家たちが自負しうるような種類の偉大さです。ちなみにわたしには画家の弟〔クリスチャン・ボルタンスキーChristian Boltanski〕がいるのですが、彼の偏愛する主題のひとつは、芸術家は現代の聖人であるというものです（わたしは彼に、聖人たちは一部の芸術家たちほど稼がなかったと反論します。これがわれわれのやりとりに「告発」をもちこむわけですが、これはとりあえず脇に置いておきましょう）。この偉大さの原理と結びついた特性を列挙することもできます。そうした特性のひとつとして、それを受け入れるための準備以外、その検査を試みるために何もできないということがあります。たとえば禁欲や麻薬、アルコールによって、インスピレーションが到来する際に、それを迎えられるように自己の身体を準備することを除けば。

②家庭的偉大さの原理

われわれは、ボシュエが王太子の教育のために著した作品から出発することで、第二の原理を構築しました（『聖書の言葉そのものから引き出された政治論』）。われわれはこれを、「家庭的偉大さの原理」とよびました。わたしの考えでは、これは多くの社会で見られる偉大さの形式であり、特に人類学者ルイ・デュモン（Louis Dumont）によって巧みに分析されています。この家庭的偉大さの場合、諸存在の偉大さは、世代という伝達モデルによってヒエラルキー連鎖のうちに登録されます。あなたは「〜より偉大である」とき、あるいは「〜の下にいる」とき偉大なのです。人格間の従属のモデルは、それが明らかに家族関係に限定されない状況に適用される際にも、父子関係、家族関係の形で理解されます。たとえば企業における家父長主義が論じられる際は、この偉大さの形式が、この場合はそれを批判するためですが参照されるわけです。

③名声のシテ

第三の原理を、われわれは「名声のシテ」（『正当化の理論』では「オピニオンのシテ」とされていたが変更された）とよびました。この世界では、あなたは他者から偉大と認められた際に偉大となります。偉大さをもたらすのは、他者による認知なのです。これは社会学が、とりわけ科学社会学や文化社会学が、まるで評判が社会的評価の唯一究極の基盤であるかのように、しばしば扱ってきた偉大さの形式です。われわれはこの名声の偉大さを、ホッブズの『リヴァイアサン』の名誉を論じた頁に依拠することでモデル化しました。それは、ラ・ロシュフーコーやパスカルのようなフランスのモラリストにおいてもすでに現れている偉大さ（制度の偉大さ）の形式です。ただし彼らの場合、それは宮廷社会の批判と関連した虚栄の告発という、批判的な様相で現れています。この点で『リヴァイアサン』が示す利点は、そこではこの偉大さが、いわば肯定的な形で登場している点にあります。名声の偉大さは、今日ではたとえばスターや俳優が語られる際に参照される種類の偉大さです。

④市民的偉大さ

われわれは第四の偉大さを定義し、「市民的偉大さ」と呼びました。これは、ルソーの『社会契約論』を再読することで構築されたものです。市民的偉大さの場合、あなたは他者を代表する際に偉大です。偉大な者は、他者を具現し、政治的に代表する代表者です。この同等性の原理によれば、偉大な存在は集合的であり、人々は集合体に奉仕しそれを具現するときに偉大となります。

わたしの同僚のローラン・テヴノーは、経済学者にとって本質的なさらに二つの偉大さを強調しました。

つまり、一方ではアダム・スミスをもとに構築された「⑤商業的偉大さ」であり、これによればあなたは裕福である場合に、市場の機会をつかみえた場合に偉大となります。また他方では、社会学者サン‐シモンの主要な著作に依拠して確立された「⑥産業的偉大さ」であり、これは偉大さの可能性を標準化、効率、労働生産性などに結びつけます。

三つの制約を働かせる：シテのモデル化のために

次にわれわれは、二つの別の操作にとりかかりました。第一の操作は、「同等性の原理」がいかなるものであれ、それを定める際に課せられる諸制約の体系を描き出すことにありました。われわれはこの諸制約の体系を、「シテのモデル」とよびました。このモデルは、二つの要求のあいだの緊張の上に再配置されます。まず第一に、人間存在の根本的平等の認知に相当する「共通の人間性」と言える要求。第二に、ある状況における序列化、ヒエラルキー的秩序の構築という要求。もし共通の人間性にとどまるなら、楽園やアウグスティヌスが語る〈浄福者たちの島〉を手にすることになるでしょうが、社会を手にすることはありません。もし序列の制約だけを強調するならば、共同体の輪郭を素描する可能性を失うでしょう。社会は、そのあいだでいかなる合意も可能ではない諸々の動物種と同じような、異なる諸存在の並置となるだけでしょう。

社会を手にするには、よって「共通の人間性の制約」と「序列の制約」とを両立させねばなりません。モデルの他の詳細は、この緊張を和らげることを目指します。モデルには、三つの制約がとりわけ強く課せられます。

第一の制約は、偉大さを人々に決定的に結びつけないことです。もし偉大さが人々に何もかも結びつけられたならば、共通の人間性という要求はもはや満たされません。合意の可能性のない、並置されたさまざまな人間たちを含む事例に再び陥ることになります。ですから偉大さは、論争の最中には未知とみなされるべきで、われわれが「試練épreuve」とよぶものによってのみ、その場にいる人々の相対的な偉大さとして明らかになることです。よってこのモデルは、トマス・アクィナスによって継承された、アリストテレス的な可能態と現実態の対立を踏襲しています。これは西洋の伝統においては、特にキリスト教の伝統においては非常に重要な対立です。というのも、われわれが共有する人格の観念はこれに基づいているからです。人格は、そこでは実際ア・プリオリには限定されず、ア・プリオリには知りえない数の力能を所有することによって定義されます。あなたは、その人格がいかなるものからできているか、その構成要素も、何をなしうるかもア・プリオリには定義できません（このような理由で、わたしの著書『能力としての愛と正義』の第一部を「人々がなしうること」と名づけました。人々が何をなしうるかは、いわば原理的に決してわからないのです）。それゆえ、たとえば諸々の客観化は侮辱的な性質をもってしまうのです。『存在と無』のどこかに書いてあるのですが、あなたが誰かについて「あいつは同性愛者にすぎない」と言うとすれば、あなたは彼を彼の特性のひとつへと還元し、客観化し、よって人格としての身分を否定することになります。ですから、こうした権能は「試練」の最中の諸々の現動《アクト》actesにおいてあらわにされます。同時に、ここで要約したモデルにおける「偉大さ」は、ある試練の最中の一つの現動《アクト》においてしか明らかにされえません。「偉大さ」はア・プリオリに確証されないのです。

第二の種別化は、われわれが「共通尊厳」の原理とよんだものです。すべての人間存在は、同等原理によって最高の偉大さの状態に達する同じ能力をもっており、これにはより上位の幸福が対応しますが、そのためには犠牲、代価に同意せねばなりません。またこのモデルは複数の異なる諸関連を、複数の偉大さを備えていますから、諸々の偉大さに対応する各世界において、犠牲は、他の諸々の偉大さの犠牲、他の同等性の諸原理に対応する偉大さの仕方を犠牲にするほかありません。もしあなたが仕事において偉大ならば、おそらくあなたは、たとえばあなたの活動や家庭での家庭的偉大さを犠牲にしたのです、等々。

第三の種別化が明確にするのは、偉大な者たちの偉大さは、彼らが同意した諸犠牲と結ばれており、そこから個人的利益を引き出す者を利するだけでなく、むしろ社会総体のために価値がある「共通善」を構成することです。あなたが「某氏は日本に名誉をもたらす偉大な作家である」と言う場合、あなたは暗黙のうちに、彼は単に多くのシャンパンを飲み多くの旅行をし多くの円を稼ぐためにそうしただけではなく、芸術のため、文学のため、将来世代のため、万人の利益等々のために、それをしたとみなしています。

ですから偉大さは共通善のためとなり、そしてロールズ（John Rawls）のモデルにおけるように、とりわけ卑小な者たちを利するのです。しかも「偉大な者たちの幸福は卑小な者たちの不幸の結果にすぎない」と要約しうる搾取の批判に対して逆転されているのが、「偉大な者たちの幸福は万人の幸福、とりわけ卑小な者たちの幸福となる」ということの格率です。

このような逆転は、何らかの仕方によって可能でかつしばしば現実的なものであり、われわれが明確にすべく専念した規範的モデルの妥当性を証明しています。実際のところ批判は、マイケル・ウォルツァー（Michael Walzer）がその著書『The Company of Critics 批判者たちの一団』で巧みに示したように、正しさ juste の常識に依拠することでしかありえないでしょう。ですからわれわれのモデルは、あるがままの世界のイメージを示そうとしているのではなく、われわれの「諸判断の規範的基盤」を表現しようとしているのです。そうした判断には、われわれが社会批判に没頭したり、あるがままの社会秩序を審問する際の判断も、あるいはその際に行う判断こそが含まれます。

状況の中の試練と批判総体の抽出：企業向けガイドの分析

しかしわれわれは、政治哲学の偉大なテクストを再読し、そこから正義感覚のモデルを抽出するだけでは満足しませんでした。論争に関する実地研究と同時に行った第二の作業は、企業向けのガイドを綿密に調べることでした。われわれが特定した偉大さの各形式に対応するガイドを見つけようとしたのです。われわれの論拠は、以下のようなものでした。

モデルが望むように、論争の際、人々は自分に決定的に結びつけられた偉大さを利用できず、なしうることを「試練」の最中に示さねばならないのが真ならば、この「試練」が現実の状況において構成されうるには、いまお話ししたような抽象的原理だけではなく、諸物 objets の世界もまた必要である、ということです。その個人の諸主張を、その世界の「諸事物 choses」の試練にかけうるような、完全な世界が必要であるのです。さもなければ、われわれはせいぜいひとつの論証の理論を手にするだけでしょう。もし「わたしは君主の娘だから王女である」と言うならば、遺伝子検査や家系図が必要であり、申し立てを証明するための、あるいはそれに異議を唱えるための装置の集合一式が必要になります。そして政治哲学の著作には、物の展開はあまり見られません。逆に企業のマニュアルには、日常生活に必要な多数の物への言及が見られます。

付け加えておかなければなりませんが、こうした偉大さは、社会学が習慣的に関心を抱く価値とは違い、集団には結びつけられていません。実際のところわれわれの問題となっているのは、異なる諸集団に場合によって属する人々のあいだの合意、というものです。よってもし、こうした価値を集団、たとえばエスニック諸集団や社会諸階級に結びつけてしまえば、異なる集団に属する人々を含む状況で成立する合意がどのようにして結ばれうるかについて、理解する可能性を失うことになります。それゆえわれわれは、偉大さは状況において記載されストックされている、まさしく諸物の仲立ちによってそうなっていると考えたのです。

たとえばわたしが自分の仕事場に――実際にはそうではありませんが――妻と子供たちの写真を置いていたら、家庭的偉大さの要素が、テープレコーダーやコンピューターといった産業的世界の諸物が重きをなす仕事場に存在することになります。もし部屋の隅に釣り竿を置いておくなら（田舎の別荘の仕事場では実際にそうなのですが）、そしてあなたに「そう、雷雨ですし、まもなく魚が食いつくチャンスがあるから、そばに置いているんです」と言うならば、同様に別の世界の諸物がわたしの仕事の道具たちと混ざり合っていることになるでしょう。

（実際には多くの状況が混合的であるにもかかわらず）状況はむしろ特定の偉大さの秩序をひきたたさせる諸物を内包する仕方で組み立てられるため、われわれは行為の継続的理論を発展させることができました。さまざまな状況は、むしろある偉大さの原理や別の偉大さの原理に結びつけられるため、ある状況から別の状況へ移行する際、人々は同じ一日のあいだに評価の原理を変更しうるのです。そしてこれはとくに、状況が緊張している、あるいはコンフリクト的である場合にそうなります。

われわれはこうした理由により、偉大さのさまざまな秩序をひきたたせる諸存在のリストを作るため、企業向けのガイドを用いました。われわれには、企業はとりわけ混合的な場所に、つまりわれわれが特定していたさまざまな評価原理に対応する諸状況を見出しうる場所であるように思われたからです。

エンジニアのある一日を想像してください。たとえば彼は、朝にはテープレコーダーの新プロジェクトに関する会議に参加します。同僚たちと意見が対立するとしたら、この対立は産業的性格をもつ可能性が非常に高いでしょう。次に彼は、この新製品のための市場が存在するかどうかという問いについて、セールス担当者たちと議論をします。次に彼は、たとえば組合会議（日本の企業に組合があるのか知りませんが、フランスには管理職とエンジニアの組合があります）に参加します。彼はネクタイをはずし、他の部門の労働者たちとの連帯について語り、安全委員会の代表を選出します。次に、彼は会社のクリスマスツリーのところに行くかもしれません。何百人もの子供と母親が、白い長い髭をつけたサンタクロースといっしょに広間にいます。こうして彼は、まったく家庭的な世界にひたるのです、等々。

たとえばわれわれは、「名声の試練」を行う際に重要となる諸物を突きとめるために、広報活動のガイドを利用しました。「産業的偉大さ」の評価には生産性のガイドを、「市民的偉大さ」には組合のガイドを利用しました。「家庭的偉大さ」の場合は、もう少し困難でした。とはいえわれわれは、ある独学のエンジニアが書いた本を見つけました。この本は、企業のヒエラルキーを上昇する労働者が、直面する状況で行儀良くふるまうための礼儀作法を学ぶ方法について書かれています。また、(とりわけ妖精たちを含む)「インスピレーションの世界」の諸物を突きとめるために、あるコンサルタントが書いた創造性のガイドを用いました。さらに「商業的世界」の場合は、当時はフランス語の著作は見つからず(これは十年ほど前のことで、現在は見つかるでしょう)、よってわれわれはアメリカの書物を用いました。これは、スポーツ選手の名前をブランドに売ることで財をなした男性によって書かれたものです(産業的次元を含まないという点で、われわれにとっては模範的な事例でした)。

われわれは、これらのさまざまな原理と結びついた諸世界を、かなり簡潔な文法によって記述しました。この文法は、偉大者の状態、諸主体、偉大な主体(たとえば家庭的世界では父、産業的世界では生産的なエンジニア、名声の世界ではスターなど)、偉大さの試練の実施方法、試練に用いられる諸物(たとえば家庭的世界では名刺、市民的世界では基本法や投票箱など)といったものからなっています。

より正確に言って、われわれは何を「試練」とよぶのでしょうか。試練とは、各人の偉大さに関する不確実性が、実地に検分され、この不確実性が諸物やある世界との照合によって解消される機会 moment です。たとえば、スポーツの試合のことを想像してください。あなたはある関連の下でのさまざまな人々の能力について、よって相対的な偉大さに関して、きっと不確実性を感じとるはずです。ですからあなたは、いくつかの条件において試練を課すことでしょう。「共通の人間性」が尊重され（人間と犬を競争させることはしないでしょう）、全ては勝利の可能性をもつとみなされ（共通の尊厳の原理）、よって大きすぎる差を避けるための予選がある、等々です。

われわれの研究の第二の部分は、このような「規範性のモデル」に依拠しつつ、批判として理解されているものを明確にすることにありました。批判は、これらの「同等性の原理」のいくつかを突き合わせることで構成されているように思われたのです。われわれは、企業向けのガイドから一群の批判総体をとりだしました。それらを、特定された六つの偉大さの原理を横座標と縦座標に含むマトリックスへと整序することができます。どの原理も、異なる別の原理で構成された世界を批判するのに用いることができます。たとえば、市民的偉大さの立場から発せられた批判があるとします。先ほどお話しした家父長主義は、市民的偉大さから見れば、家庭的世界を規定するための批判的な方法と同一視されるかもしれません。企業における関係は、組合が交渉する職業資格等々しか考慮すべきではないのに、経営者は労働者たちをあたかも子供のように扱うというわけです。もちろんこの同じマトリックスには、これと逆の批判を位置づけることもできます。それはたとえば、匿名的で冷淡で温かみがなく、単に官僚的であるなどと規定された企業内関係を告発するものかもしれません。こうしてわれわれは、マトリックスのすべての升目を埋め、われわれの社会、特に企業に見出される主要な批判の一種のカタログを作成することができたのです。

たとえば、世論調査の批判の例があります。ご存じかもしれませんが、フランスでは選挙前一週間の世論調査の公表が禁じられています。われわれの考えでは、これは市民的立場からの名声の偉大さの批判です。実際、世論調査は個人の意見を総和する（名声の偉大さ）として非難されるのに対し、ルソー的性格を保持しているフランス流の市民的理想によれば、集合的意志は単に各人の利害と意見の加算ではありえません。集合的意志は、特別な条件下で、諸々の意志がある「共通善」の地平へと収斂する際に明らかになるのです。

偉大さの関係づけ

論争の最中には、二つの姿のケースが考慮されえます。

第一は、異なる諸世界をひきだしてしまう諸々の偉大さに関係づけられる仕方です。この仕方の場合、その状況で有効であるべき原理が審問されることなく、むしろ行為者のひとりが別の原理への準拠を不正にもちこんだとして非難されます。ひとつ例を挙げましょう。これは、たとえばブルデューによる事例で見出されるものですが、試験者が学生の（文法や物理学などにおける）能力だけを考慮したのではなく、学生の社会的出自を示す標識、すなわち礼儀正しさ、訛り、服装等々に影響されてしまったという、不正としての試験への批判です。ここで構成されている批判は、われわれが『正当化の理論』で「偉大さの移植」とよんだものを告発することにあります。つまり、基準、評価方法などに基づいて本質的に産業的存在に組み立てられるべき状況において、別の型の偉大さがもちこまれたのです。その偉大さは、批判がどのように種別化されるかに応じて、商業的偉大さや家庭的偉大さとして特定されるものです。その場合、正義の要求は、さまざまな受験者の諸機会がより平等となる仕方で、他の偉大さの痕跡をとり除き、状況を純化するよう求めるものになるはずです（これはいささか、スポーツの試合の例で、気候やグラウンドの条件が、ある競技者に不当に有利に作用したと強調される際に生じることに似ています）。

より根元的な批判の第二の姿は、ある特定の状況で人々が従う原理が、適切な原理ではないとみなされることです。もう一度、試験の状況を想像してください。すべてがうまくいき、教授たちの判断には異議が唱えられていません。しかし今度は、外部からトラブルがやってきます。たとえば、外では原子爆弾に反対する学生デモが行われており、警察が催涙弾を発射し殴打しながら介入しています。このとき、ある教授が「中止すべきだ、われわれは学生たちを評価するためにここにいるわけではなく、キャンパスに降りて、殴られている同志たちとわれわれが連帯していることを示すべきだ」と述べることがいかにも考えられます。そうすることで、彼は状況の組み立て agencement の原理を変更し、それまでは「産業的秩序の原理」だったものを、連帯の「市民的原理」で置き換えることを要求しているのです。あるいはまた、別の状況、たとえば指揮者が北朝鮮人であるコンサートを想像してください（わたしは、日本で舞台に立つ北朝鮮人の指揮者が実際にいるかどうかは知りません）。誰かが立ち上がり、ひな壇に飛び乗り、こう言います。「いや、中止すべきだ、現在北朝鮮では飢餓が起きている、マーラーを聴くのではなく、必要なのは……」。この場合の要求は、状況の秩序化 ordonnancement の原理の変更というさらに根元的な要求です。論争からの脱出の可能性は、それゆえ当事者のうちのある者が、場合によっては力でもって、まったく他の秩序化の原理を押し付ける能力にかかっています。

妥協

しかしひとはまた、いくつかの偉大さの妥協によって論争から抜け出すこともできます。われわれが考えるに、こうした妥協はつねに脆弱なものです。「妥協」の場合は実際、関係づけられている諸々の同等性の原理より上位の論理水準にある「同等性の原理」が存在するかのように、誰もがふるまいます。たとえば、ブルターニュ地方の信用協同組合についてわれわれのグループの一員が行った研究があります。信用協同組合とは、一部は経営幹部によって、一部は利用者の委員会によって、とりわけ貸し付けを求める人物にそれを行うかどうかを論じる一般人からなる委員会によって管理される金融機関です。会議では、以下のような種類の論拠が採集されました。「造船所を経営する某氏に、ぜひとも貸し付けを行うべきだ。なぜなら彼は優秀な経営者であるし、この地域ではとてもよく思われている、とても評判のいい家族の息子だからだ」。

この種の発言では、二つの原理が結合されています。標準化された基準で評価できる「産業的原理」(優秀な経営者であるという事実)。そして、この地方で信望のある良家に属しているという「家庭的原理」です。ところで、優秀な経営者であるという事実と尊敬すべき家族に属しているという事実とを同等性で結びうるような、上位の次元の原理は存在しません。ですから妥協は、あたかもこのような同等性が存在するかのようにすること、それゆえ「しかし優秀な経営者であることと良家の出であることに、何の関係があるのか」という問いを提起しないことにあります。それゆえ「妥協」は、論証を進めすぎないこと、ある合意の可能性を目指すために理解し合うことを前提とします。

われわれは、企業のマニュアルをもとにして最も頻度の高い妥協の記述を行いました。

たとえば、フランスで歴史的に非常に重要な役割を果たした妥協は、われわれが「市民的-産業的」と呼んだ妥協です。この妥協では、市民としての身分と労働者としての身分が、労働法の成立の際に関係づけられました。そしてわれわれの論拠は、そうした妥協が堅固であるためには、諸物、法に根を下ろした諸装置に登録されなければならない、というものです。それは、妥協に関する論理的整合性の問題がつねに提起されることを免れさせるのです。

わたしが以上のように要約した偉大さのエコノミーの分析枠組みは、もしかするとあなたには少々抽象的に見えるかもしれません。しかしここでは枚挙にいとまがないような非常に多数の経験的研究が行われ、さまざまな形でこの分析枠組みを利用し、関連づけられています。

たとえば、国立教育研究所の教授であるジャン＝ルイ・ドゥルーエ（Jean-Louis Derouet）の、学校における正義の問題に関する著作や、ここ高等研究院の准教授フランシス・シャトーレーノー（Francis Chateauraynaud）の著作があります。彼のすばらしい研究は、職業的過失ゆえの論争や、当事者たちがみずからの主張をどのようにして証明しようとするかを対象としています。ニコラ・ドディエ（Nilas Dodier）は医学的鑑定に関して、パスカル・ガルニエ（Pascal Garnier）は子供たちの能力がここ二世紀間に受けた試験——たとえば何歳で泳ぎを教えるべきか——について研究しました。プラグマチック論者のセバスチャン・マケヴォイ（Sébastien McEvoy）は、弁護や告発の事例における論証形式について研究しました、等々。

〈愛〉と〈正義〉のレジーム

——なぜあなたは、アガペー（agapē）の問題にとり組んだのですか。

それは、あなたにこれまでお話ししたことのすべてが、正義の問題であるというような問題における諸状況にかかわっているからです。ところが、すべての状況がこの型の状況であるわけではありません。ですからわたしは、中心が正義の問題であるこうした状況を、他の一群の諸状況総体を含むより広い世界へと拡張しようとしました。それは部分的には、いわば諸批判と危うい称賛とに同時に答えるためでした。

批判は、われわれにこう言いました。「それにしてもあなた方の書物は、力関係を無視し、一群の事柄すべてを無視している」。他方、称賛はこの枠組みを、あたかも社会における人間のふるまい総体を説明する一般社会学であるかのように称えたのです。ですからわれわれは（ローラン・テヴノーとわたしは異なる方法をとりましたから、ここでは自分自身の研究についてのみ話すことにします）、人々はその相互行為において、あるレジーム（régime）や別のレジームに含まれるのであり、正義や正義における論争はさまざまなレジームのうちのひとつにすぎないと考え、行為の諸レジームの理論を展開しようとしました（行為者たちが互いに適応せず、一方はあるレジームに、他方は別のレジームにいる可能性にあるからで、そのとき相互行為は中断されてその性質が変化します。相互行為が安定的である場合は、それは彼らが同じレジームにおいて適応しているからです）。

わたしに関して言えば、四つのレジームからなるマトリックスを研究しました。これはいささか簡素で過度に単純化されているきらいはありますが、二つの区別を考慮しながら、やはりそのように始める必要があります。一方では、わたしは「論争のレジーム」

と「平和のレジーム」を区別しました。そして他方では、同等性が活性化されたレジームを、同等性が活性化されなかった、あるいは不活性化されたか暗黙であるレジームとの対立として、区別をしました。これらの二つの対立の交差がわれわれにもたらすのは、四つの升目を含むマトリックスです。

●論争のレジーム

つまり第一に、諸々の同等性が活性化された中における論争のレジーム。これは、偉大さのエコノミーのモデルが適用される正義のレジームです。実際のところ正義への言及は、人々が論争のさなかにあることが前提です。論争をしていないなら、われわれは問題を正義のタームで提起することはしません。このことは、われわれのこの対談にもあてはまります。たとえばあなたは「ボルタンスキーさん、止めて下さい、これは不当です、あなたばかり話をしています」とは言いません。

しかしもちろん論争の他の諸状況が、今度は暴力の状況の仕方で存在します。つねにわたしの計画にはあるものの、わたしはそのような状況についての経験的研究をしていません。『能力としての愛と正義』で記述した行為の諸レジームのいささか初歩的なモデルでは、暴力が定着した状況では同等性がもはやその役割を果たさない事実によって、暴力にある論争を正義にある論争から区別しています。暴力的試練の後に他の同等性が確立される可能性はありますが、同等性は遠ざけられています。たとえば、もしわれわれがこのオフィスで殴り合いを始めたら、わたしのそばに置かれたテープレコーダーはもはや、それと向かい合っているコンピューターとこの関係において同等化しうる産業的な物ではなくなるでしょう。それはまるで石のように、あなたがわたしの顔に投げつける投擲物となるでしょう。よってそれは、それを他の産業的諸物と関連づけるのを許す、種別的性質を失うわけです。こうしてわれわれは、諸々の同等性の再認によって相対的に安定化されている世界から抜けだしてしまうことになるのです。

●平和のレジーム

わたしは他方で、論争のレジームとは別に平和のレジームが存在すると考えました。幸いにもわれわれは、たえず論争のなかにいるわけではありません。やはり同等性が活性化されているか、それとも遠ざけられているかを考慮することで、わたしは非常に異なる二つの平和のレジームを区別しました。第一は、諸物に関するブリュノ・ラトゥールの研究から着想をえています。このレジームにおいては、人間存在間の諸関係は、同等性が閉じこめられた——物質的または象徴的な——諸物の現前によって、いわば平和化されています。諸物への同じ注意が、諸々の注意と行為とを暗黙的かつ平和的に協調させるのを許すのです。このレジームを、「諸ルーティンのレジーム」とよべるでしょう。もしわたしがあなたに「列車が六時二五分に出ますので、今晩は七時にうかがうことにします」と言う場合、列車が到着する時間を決めるのはわたしではなく、時刻表に記入されていることであり、わたしはわれわれの諸関係を規制する一連の装置に組みこまれることになります。ですからここでは、諸々の同等性は確実に現前しているものの、正義のレジームにおける論争の場合のように明示的で言説的な仕方で活性化されることはありません。安定した諸物からなる諸装置がもたらす制約への準拠だけで、われわれの諸関係を平和化するのに十分なのです。

しかしわたしはまた、もうひとつ別の平和のレジームの可能性も考察しました。そこでは、諸関係は諸物に頼ることなく平和化されます。わたしが「愛のレジーム」とよんだこのレジームにおいては、諸関係はまさしく人々が諸々の同等性を遠ざけ、よって計算を困難または不可能にすることで平和化されます。このレジームを構築するために、わたしはキリスト教神学の中心的概念 notion であるアガペー、アガペーとしての愛の概念から出発しました。キリスト教の伝統では、正義が他ならぬ計算の可能性に依拠している以上、アガペーのイデアは正義、正義の要求との対立によって構築されています。計算がなければ、精算を行い、与えたものと受けとったものとを引き合わせることも不可能です。わたしはとくに、アガペーにおける愛のレジームの分析的構築を提案するために、キルケゴールのすばらしい書物『愛の業《わざ》』に依拠しました。このレジームの興味深い特性のひとつは、人々がそこで現在への選好を表明することにあります。諸々の同等性が遠ざけられていますから、過去は負債という形では保持されず、ほとんど記憶されません。未来の方は、達成すべき計画として理解されるのではなく、希望の様態で現在から与えられます。過去はなぜ、ほとんど保持されないのでしょうか。なぜなら、計算が遠ざけられると、復讐を目指した非難が生じえないからです。正義はつねに回顧的であり、正義は後ろを見つめます。アガペーにおいては、人々は各人の獲得や損失をつねにコントロールするのを探しあてることなく、現在のうちに置かれます。

●レジームからレジームへの移行

わたしはとりわけ、人々があるレジームから別のレジームへと傾く basculent（平均を失う、ぐらつく）モメントに関心を抱きました。とくに、アガペーのレジームから正義のレジームへと傾くモメントです。そうしたモメントを垣間見るためには、社会学よりも文学、演劇、映画へと向かう方がいいのです！　たとえば、アガペーから暴力への諸々の傾きです。そうしたぐらつきは、特に容易となるはずです。なぜなら諸々の同等性を知らないアガペーのレジームは、かなり不安定だからです。実は、愛と暴力——最も対立する二つのレジーム——は、同等性を遠ざけ、同等性の現前によって安定化されないという共通点があります。このことは、わたしが大変気に入ったボスニアの映画監督（エミール・クストリッツァ」の『Le temps des Gitans（ジプシーのとき）』という映画でよく示されています。これは実に見事な映画です。なぜならそこでは、途方もない寛大さ、無償の愛、極限的な暴力という各機会《モメント》のあいだの、永続的かつ非常に迅速な傾きの運動が明確に見られるからです。アガペーのレジームと正義のレジームのあいだの移行 passage の場合は、ベルイマンの映画に登場する夫婦げんかの場面に多数の例が見られます。ベルイマンは、こうしたモメントに非常に注意深いのです。彼は、互いを評価しないよう、一方が与え他方が受けとるものを同等化しないよう精一杯努力するカップルを描いています。しかし彼らは突然、最近や昔の、重大あるいは些細な不満のすべてを以下のように蒸し返すのです。「でもあなたはわかってない、買い物をしたり、これやあれをするのはいつもわたし」。そして彼らはこの瞬間《モメント》、正義のレジームへと傾くことになります。そこでは、訴訟の諸々の要素が回顧的な視点で配置されるのです。

わたしは、アガペーから正義へのこうした諸々の移行がいかにして可能であるのかを分析的に理解しようとしました。そして移行は、パートナーの一方が、相手が贈与の様式で提供するものを拒絶する場合にしか始動しえないように思われました。実際、アガペーにある人々は何も要求せず、何も期待せず、何より彼らの贈与が見返りを受けることを求めません。彼らは計算しないのですから。これはキルケゴールに見られます。見返りを待たないというのは、到達できない理想に見えるかもしれません。しかしわたしは、これは日常生活では実に頻繁にそうなっていると考えます。同等性がつねに保たれるよう、もし誰もが自分がすることと自分のためにしてもらうことをたえず帳簿に記入していたら、日常生活は不可能になるでしょう。ですから、アガペーのレジームにある者が見返りを求めないとしたら、自分が与えたものと同等のものを受けとっていないという口実で反発する理由はありません。わたしはここから、計算と正義の諸要素をよび戻した中心的要素は、贈与の拒否であると結論しました。わたしは与える、しかし相手はわたしが与えるものをわたしに送り返す、拒否する。わたしの贈与は、このとき拒否されたものとして、同時に返礼を要求するものとして現れます。わたしはこうして、正義のレジームへと傾くのです。

感動を引き起こすものとは何か：愛のメッセージ

わたしがアガペーのレジームのこのような分析的理論構築を提案した際、わたしの社会学者の同僚たちは「あいつはおかしくなった」、あるいは通俗的な表現によれば「頭のネジが飛んだ」と言いあったものです。最も好意的な者たちは、これは巧妙ではあるが、経験的研究において実際化するのは不可能な理論構築だと考えました。彼らに答えるため、わたしはこの概念が用いられる実地研究を行うことにしました。これは、正義のレジームに関する経験的研究を行うより、もちろん困難です。実際、正義のレジームにおける諸関係は公的です。訴訟は、たとえ私生活において生じるとしても、一般的性格をもち公的圏域を志向する同等性への言及をつねに介入させます。しかし愛の諸関係の場合には、そうではありません。関係が性的な次元を含まない場合であっても、人々に彼らの愛の諸関係について問うのは難しいのです。そして彼らにとっても、それについて話すのは難しい。そうした事柄についてインタビューされると、人々は部分的には社会学者を喜ばせるため（彼らは、それこそ社会学者が期待していることだと考えます）、また部分的には言語活動《ランガージュ》自体に起因する制約のため、自分たちの関係を計算の言葉で描写し直す傾向があります。それにわたしは、職業倫理的理由により、関係する人々の知らぬ間に観察や録音を行うやり方はしたくありません。

愛のレジームに接近するために、わたしは次のような手順を用いることにしました。人々が、監獄にいる近しい者のひとり――友人、夫、子供など――に電話するラジオ番組があります。監獄では自由に電話ができませんが、（独房にいる場合を除き）ラジカセを一台所有することができ、これのおかげで聞き、録音することができます。人々はラジオ局に電話をし、局は彼らが近しい囚人に送る私的メッセージを万人に聞かせます。ですから電話は、公的な放送の対象となりながらも、私的な性格を有しています（電話の公的な性格には、以前にわたしが研究した告発の状況――ひとびとはそこでは正義のレジームにあります――とのきわめて詳細な比較を行うことを可能にする利点がありました）。

わたしはそうした放送がどのように行われるかを理解するため、放送を行っているラジオ局に行き、何週間かボランティアとして電話交換台を担当することを申し出ました。それは次のような仕方でなされました。人々が電話交換台に電話をすると、彼らは囚人の名や投獄されている監獄といったいくつかの特徴を尋ねられます。次に、彼らは待機回線へと回されます。彼らの番が来ると、進行係、元囚人であるボランティアの司会者が彼らに話をさせます。一、二、三分のあいだ、彼らは監獄にいる近しい者に語ります。そしてこのメッセージは、愛のメッセージなのです。囚人に語りかけるためにこうした苦労を甘受するのなら、それは普通、相手が嫌いであることを囚人に伝えるためではありません。

よってわたしは、これらの放送を何十時間も録音しました。次にわたしは、告発の場合と同じ処理の手順を採用しました。異なる人物に由来する（なぜなら、しばしばある週と別の週で同じ人物が再び電話をしていたからです）一二〇のメッセージを含むテープを作成しました。それから、それぞれおよそ一五名の参加者からなる二グループを集め、これらのメッセージを聞かせます。彼らはそれぞれのメッセージについて、ちょっとした質問表に答えなければなりません。しかし当然ながら今回は、不正の告発の場合のように規範性の問題が問われていたわけではありません。わたしは、愛のメッセージの場合、適切な問いは次のようなものであると考えました。

「電話をする者は、自分が語りかけている相手を本当に愛しているのか」。そしてこの問いに対する答えは、諸々の情動 emotions を経由すると考えました。人々がメッセージを聞き、そのひとが真に動揺していると判断するとき、そして何より聞いたメッセージによって自分たち自身も感動していると判断するとき、プラグマチック pragmatique に言われるメッセージの適切性の条件が満たされる、と考えたのです。これらのグループに参加した人々は、それゆえそれぞれのメッセージを聞き、ちょっとした質問表に答えなければなりません。「電話をしている人物は動揺しているか、本当に囚人を愛しているか、そしてあなたは、聞きながらどのような情動を感じたか。このメッセージを聞いても、あなたは無関心のままであったか。メッセージはあなたにとって不快だったか。メッセージは感動的であると思ったか。あるいは衝撃的か」。実は、感動的なのはメッセージの内容というより、声なのです。わたしは、これらのメッセージをすでに書き起こしていましたが、もしメッセージをただ読ませるなら、読ませられたひとは「これは平凡だ」と言うことでしょう。もしメッセージを聞かせるなら、涙がこみ上げてくることでしょう。

次にわたしは、諸々の不正の告発に関する研究の場合と同じように作業を進めました。一部は文字により、一部は声をコード化するためのテープによってメッセージをコード化したのです。わたしは、声の性質と話し方の性質とのかなり簡潔なコードを作りました。たとえば手紙のような話し方の場合、人々は手紙を書く際のように「わたしの愛しいひと、今日はあなたに……について話します」と語ります。あるいは「さてさて、やあ！調子はどうだ、弟よ」と、ラジオで話す際のように話す人々もいます。あるいは落ちこんだ声で「ところで、わたしの愛しいひと、今日は日曜ね、あなたがいなくて悲しいわ」等々。

次いでわたしは、これらすべてを機械にかけ、告発についてそうしたように、因子分析と呼ばれる分析、共関係づけを行いました。あなたは「恋愛地図」をご存じですか？一七世紀フランスの恋愛文学には、感情のさまざまな領域の地図がついていました。たとえばそこには、「激しい感情の島」「平安の地」などがあります。このように、因子分析はわたしに一種の感情地図をもたらしたわけです。この種のメッセージの適切性の条件を明確にするよう、わたしはそこからひとつの文法を引きだそうとしました。すなわち、ひとはそれをいかにして愛のメッセージであると再認するのか、その場合情動とは何か、そうしたメッセージはなぜ感動的なのか。

分析の詳細は繰り返しませんが、この研究はとくに、メッセージが感動的であると判断されるには二つの条件が満たされなければならないことを示しています。第一の条件は、ある人物が「親身になっている」と言われる場合のように、話し手がそこにいることです。もし話し手が非常に短いメッセージを作り、手紙のような精彩のない声で話すならば、話し手は自分のメッセージに真に現前してはいません。しかるに、話し手がそこにいなければ、何も起こりえないのです。第二の条件は、メッセージを送られる相手も、同様にそこにいなければならないということです。相手の声が聞けない、相手について何もわからないのですから、彼の現前も、彼に話しかける話し手によって保証されなければなりません。ですからメッセージが感動的となるには、話し手は受け手の存在を自分のメッセージ内に導かなければなりません。それが可能となるには、いくつかの新たな条件が満たされねばなりません。そうした条件のひとつは、話し手があまりにもそこにいすぎない、現前しすぎないということです。たとえばきわめて執拗な話し手、あるいはひどく不平を言う話し手は、メッセージにそのように現前するため、受け手の現前を消してしまうのです。さらに発作的に泣き出す話し手の場合、彼らのメッセージは衝撃的と見なされることになりますが、彼らはいわば相手が死んでいるかのように不在の受け手に話しかけます。彼らは、彼らが発するメッセージのうちに受け手を到来させません。ですから良いメッセージ、こう言ってよければ感動させるメッセージは、話し手がそこにいて、かつメッセージ内に受け手の現前を確保できるようなメッセージとなります。たとえば、自分が語ることを絶え間なく対称化する symétriser 配慮を表明することです。ご承知のように、監獄にいる誰かに話すことは非常に難しいことであり、病院にいる誰かに話すようなものです。なぜなら、あなたが外でしたことを伝えるやいなや、相手は外に出られないのですから、相手との関係を非対称化してしまうからです。もし「昨日は君の息子と一緒に靴を買いに行ったよ」と言えば、相手にはそれができないことを強調することになります。そして対称性を回復するための、よって受け手をメッセージの内部に連れもどすための一群の操作が行われることでしょう。

それにしてもなぜ、こうした愛のメッセージは感動的なのでしょうか。わたしの仮説では、メッセージが感動的であるのは、不可逆的なものに見えていた分離の状況に可逆性の要素を導入するからです。このように、不可逆的なものから可逆的なものへの移行を保証するものが、感動的と判断されるのかもしれません。わたしは美学の専門家ではありませんが、これは少なくとも時間性に依拠する表現様式においては、美学的情動の因子のひとつであると考えられます。

もうひとつ、映画から借用した例を挙げましょう。観客が「感動的 émouvant」と判断することに合意するように思われる、フェリーニの『道』です。『道』の最初のシーンのひとつで、母が自分の娘を旅芸人に売り渡します。それゆえひとは、不幸のなかに、不幸の反復のなかに、不幸の不可逆性のなかにあります。これは恐ろしいことであり、感動はしません。次に、若い娘は旅芸人の小さな車に乗り、彼らは出発します。そしてこの瞬間、映画の筋が逆転し、可逆化されます。母親が、「わたしの娘、わたしの娘」と叫びながら後を走るからです。ですからわたしの意見では、この不可逆性から可逆性への非常に迅速な移行が、感動を引き起こすのです。不可逆的なものから可逆的なものへの移行が他の諸文化でどのように扱われてきたかを知ることには、非常に興味を感じます。なぜならキリスト教文化では、不可逆的なものから可逆的なものへの移行は、完全に中心的な図式となっているからです。

キリスト教の宣教内容《ケリュグマ》（kērygma）は、「死してよみがえった」です。これは可逆性の図式です。これは普遍的なものかもしれませんが、他の文化では別の仕方で表現されているはずです。

苦しみの情動の伝達

これまでお話ししてきた研究は、わたしが刊行した最新の書物『遠くの苦しみ』

（一九九三年❹）とも関連しています。これは、わたしがプリンストン高等研究所で過ごした年に準備した本です。この本は経験的研究に直接依拠しているのではなく、メディアによる苦しみの表象の伝達という問題と向き合うために動員されうる道徳的諸範疇を、分析的に再構築することを提案しています。それは現実の苦しみですが、視聴者がそれに直接干渉することはできません。なぜならそうした苦しみ souffrances は、視聴者の行為の界から非常に隔たった空間で生じているからです。用いられた「材料」――こう言ってよいとして――は、何より文学作品から構成されているのですが、プリンストンで利用資格を得たすばらしい図書館を大いに活用することができました。この本は、とりわけ一八世紀と一九世紀を対象としていますが、実はわたしの念頭にあったのは、非常に現在的で直接的に政治的な問題でした。わたしは一九九二年から九五年の多くの人々と同様、旧ユーゴスラビアで起きていたこと、そしてあるずれに心を奪われていました。それは、向こうでなされた残虐行為についてわれわれに届くむしろ正確な情報と、介入の際にヨーロッパ諸国が陥った政治的無力さ、さらには一定規模の動員をよび起こす際に最も深く関与した活動家たちが陥った無力さとのずれでした。

以前の研究でわたしがみずからに提起した問題は、不正や苦しみに関与する人々は、自分自身が審問される状況において、どのような仕方で態度を決しうるかというものでした。これに対し、わたしは今回、苦しみに直面しつつも直接それに巻きこまれていない人々がとりうる態度を理解しようとしました。そうした苦しみはあまりにも遠いため、政治的関与という手段を除けば、彼らには働きかけることができないのです。現代のメディアでは、目のとどく範囲にあるものはもはや手のとどく範囲にはありません。わたしは、テレビを見て、働きかけることのできないまま画面に死体の山や虐殺などの映像が流れるのを見る人間という、非常に多くのコメントを受けた原型的状況から出発しました。このような状況は、フランスではメディアの無益さ、さらには視聴者の退廃を告発する非常に批判的なコメントを生みだしました。わたしはそれとは異なる立場をとり、そのような状況における好意的視聴者の道徳的資源はいかなるものでありうるか、という問いをみずからに提起したのです。わたしの論拠によれば、視聴者がこのような型の情報を受けとること、テレビの場合は示されたものを見ることが正統となるのは、受動性を逃れて、自分に唯一手のとどく行為である誰か別のひとに、自分が目にしたものを報告する場合だけです。それは同じひとつの行いによって、相手に自分が受けとった情報を伝達するとともに、その情報が自分のうちに引き起こした感情を伝達することで、相手のうちに懸念を引き起こすためです。わたしには実際、情動と「情動の伝達」という問題は、公的意見がいかにして形成されるか、そしていかにして公的な大義の周囲に動員が生じるかを理解するために中心的であるように思われました。

ですからわたしは、苦しみに関する情報と同時にこの情報を伝える者の諸情動を伝えうる諸言語、正統な言説諸形式を記述しようとしました。そのためには、一八世紀後半に目を向け、ハンナ・アーレントが「憐憫 pitié の政治」と呼ぶものの確立に目を向ける必要があるように思われました。わたしはとくに、非常に重要な書物であるアダム・スミスの『道 徳感情論』に依拠しました。憐憫の政治とは、正義の政治ではありません。問題は、これこれの人間やこれこれの階級やこれこれの人民が味わっている運命が正しいかどうかを知ることにはありません。非人間的な苦しみを止めるため、緊急に何ができるかを知ることにあるのです。

わたしには、アダム・スミスが『道徳感情論』において、憐憫の政治を展開しうる論理的枠組みを確立しているように思われました。この著作におけるアダム・スミスの企図は、ニュートンが天体力学を万有引力によって基礎づけたような方法で、道徳、政治、社会学を最小の基盤の上に構築することにあります。ではこの構築の中心に、彼は何を置いているのでしょうか。彼は、苦しむ人間とそれを見る人間を置いています。一八世紀末に、誰かが視線によって媒介されるこの相互行為を基盤として完全な社会的世界を再構築しようとしているのを目にするのは、とても印象的であり、実際非常に興味深いことです。彼の対象は、ご承知のように、見る者と苦しむ者とのあいだに想像力を仲介として成立しうる「共感 sympathie」です。

アダム・スミスは、いくつかの可能な位置を提示しています。第一に、見る者が苦しむ者に肯定的共感を、苦しみを与える者に否定的共感を感じる立場。第二に、苦しむ者に肯定的共感を、慈善家、つまり苦しむ者を助けに行く者に肯定的同感を感じる立場。これを基盤として、わたしは二つの異なるトピック(topiques)を記述しようとしました。わたしは、修辞学から借用した「トピック」という語によって、苦しみの表象を誰か他の者に伝え、同時にそれが喚起した諸感情 sentiments を伝えることを可能にする、記述の諸々の領域を指しています。この操作は、プラグマチックな見地からすれば複雑なものです。操作は、一方では「縛り首にされる男を見た」という事実確認を伝えます。しかしこのような事実確認は、科学的ないし技術的な型の客観的報告の場合に優勢な、話者の心的態度を廃した形式では伝えられません。もしそうすれば、人間存在の苦しみの場合には、何か不謹慎なものとなってしまうでしょう。ですから同じ操作によって、事実確認が引き起こした情動的諸感情を伝達しなければならないのです。

わたしは、第一の記述的領域、第一のトピックを特定しました。これはアダム・スミスにおける、犠牲者には肯定的に共感し迫害者には否定的に同感する位置に対応します。この場合、事実確認には非難が伴い、支配的感情は憤慨となります。よってわたしは、このトピックを「非難 accusation のトピック」、あるいは「告発 dénonciation のトピック」とよび、また一八世紀に成立する攻撃文書という文学ジャンルの分析を起点として、その系譜学を記述しようとしました。

しかし迫害者を脇に置き、犠牲者だけでなくその助けに駆けつける慈善家と共感する別のトピックも特定することができます。わたしは、この第二のトピックを「感情のトピック topique du sentiment」と名づけました。わたしは、とくに一八世紀の感傷小説というジャンルの創始者であるローレンス・スターン（Laurence Sterne）とサミュエル・リチャードソン（Samuel Richardson）の小説を基盤として、このトピックが記述のジャンルとしてどのようにして構築されたかを示そうと試みました。

しかしこれらの二つのトピックは、一八世紀末以降多数の批判の対象となります。わたしはそうした批判を分析しました。「非難のトピック」に対する主たる批判によれば、非難は、侮辱者と推定された者を、不幸な人間を擁護する口実で制裁の標的にすることにより、それが救済すると称する不幸よりも大きな不幸に責任を負っている、というのです。このような批判は、フランス革命と対立する潮流のなかで、たとえばバークにおいて展開されていきます。フランス革命の当事者たちは不幸な者たちのために行動すると主張するものの、実は復讐の念にとりつかれており、最大多数の不幸を引き起こす、と。「感情のトピック」の批判の場合は、非常に早期に、すでに一八世紀の最後の三分の一には登場しており（これがサドの作品の源泉のひとつです）、以降好評を博することとなります。その論議は、おおざっぱに言えば次のようなものです。誰かが不幸な者とともに苦しみ、慈善家と共感するモメントは、人間存在の真の人間性が最も真正に顕現する瞬間であり、この瞬間は幸福の瞬間である。その結果、不幸な者の苦しみとの共感は幸福をもたらす。それゆえ、共感が幸福をもたらすのであれば、それはそれ自体として追求される可能性が非常に高い。サドのような展開は、実はこの論拠を文字通りに受けとっており、苦しみのスペクタクルを快楽の原理として構成しています。快楽はこのようなものとして、それ自体として追求されうるわけです。もちろんこれは極端な立場ですが、同じ批判が他の多くの著者においても、これほど不快でない皮肉やユーモアといった手段であふれでています。感傷をパリの流行として描写した手紙で、リッコボーニ夫人(Mme Riccoboni)が俳優のギャリック(Garrick)にこう書いているように。「ひとは不幸な者たちに同情する甘美さを味わうため、進んで不幸な者たちを作りだしかねません」。

これらの二つの批判——告発のトピックと感情のトピック——が結合すると、記述の第三の言語への道が開かれることとなります。わたしの意見では、ボードレールがいわばその創始者です。告発は偽善である、なぜなら実は告発者は非難する自らの欲望を満たしているだけなのだから。感情は偽善である、なぜなら憐憫を抱くふりをする者は、実は不幸な者たちの苦しみを楽しんでいるだけなのだから。それでは、苦しみに対してどのような位置をとればよいのでしょうか。残されるのは、美化という可能性です。不幸な者のためになしうることのすべては、その苦しみを美学的対象とすることで、その一般性を示すことです。わたしは、この第三のトピック――わたしはこれを「美学的トピック」とよびました――を記述し、ボードレールからニーチェへ、そしてよりわれわれに近いバタイユやジュネに至るその展開を追跡しようとしました。

おわかりでしょうが、わたしの論拠によれば、今日のメディア、人道主義的・政治的道徳の間の関係を理解するには、テレビの魅惑を逃れ、メディアがわれわれにもたらすものを受けとるために今日用いられているカテゴリーが、過去にどのように構築されたかを分析するのが適切だということです。こうして、メディアに対する多数の位置、そしてそれがもたらす政治的袋小路が、以下に起因していることがわかります。わたしがお話しした三つのトピックは、(ここで詳述するには長すぎる理由で) 今日危機にあり、その結果、遠くの苦しみに対する受容可能な道徳的位置の採用、さらには犠牲者の特定さえもが、解決しがたい諸衝突の対象となっているからなのです。

資本主義の精神と新たなシテ

現在、わたしはある同僚と、高等商業学校の教授エヴ・シャペロ（Eve Chiapello）と協力して新しい著書（❺）を書いています。われわれは、マネージメント文献の分析から出発しました。われわれは、一九六〇年代のマネージメント文献の資料体と、一九九〇年代の資料体を比較しました。われわれはこれら二つの資料体を、新たなテクスト分析ソフトを用いて処理しました。このソフトは、社会科学高等研究院の准教授であるシャトーレイノーによって考案されたものです。この著書の中心的論拠は、以下のようなものです。

われわれは、「資本主義の精神」というヴェーバー論者の概念を受け継いだのですが、これをヴェーバーの方向とは少し異なる方向へと向け変えました。われわれは、資本の無際限な蓄積へと向かい、それゆえいかなる形式の道徳的動機づけももたないものという、資本主義の最小限の定義から出発しています。しかしわれわれの考えでは、資本主義は多数の人々を、とくに幹部やエンジニアを動員する必要があるため、道徳的諸要求と妥協しなければなりません。われわれが「資本主義の精神」とよぶのは、こうした妥協のことです。資本家的蓄積形式が妥協すべき道徳的諸要求は、わたしが先に「シテ」とよんだもの、とりわけ商業的および産業的シテにおいてフォーマット化されます。

われわれの論拠によれば、おおよそ一九六〇年代半ばから生じた変化の結果、今日では資本主義が依拠する新たなシテ――『正当化の理論』の意味での――が成立しつつあります。これは、ネットワークという形式、紐帯、関係、結合と結びつけられることになります。この新たなシテは、もっぱらネットワークと結合の総体からなるものとして本質的に定義された世界に適用しうる、新たな規範的諸要求を提案することになります。そこでは、偉大者は、最も多様で最も豊かで最も遠隔な諸紐帯を確立する者となります。

『正当化の理論』では、さまざまなシテが共時的にのみ吟味されています。逆にわれわれはこの新しい著作で、規範的変化の力学を構成する仕方で、新しいシテがいかにして定着するのかを理解しようとしています。われわれはまた、古くから確立されているシテがいかにして消滅しうるかについても関心を寄せています。たとえばわれわれは、少なくとも真に私的な諸関係を除けば、家庭的世界は現在消滅しようとしており、個人的紐帯の新たな定義を提案する、われわれが結合論者的（connexioniste）とよんだ新たな形式によって置き換えられると考えています。そうした紐帯はとりわけ、無私無欲で純粋に友情的なものとしての紐帯と、専門的諸投資に含まれるものとしての紐帯とのあいだで、次第に高まる緊張を管理することを可能にするはずです。

研究と考察の新たな方法

——今日あなたのお話を長きにわたって、しかもこれまでの研究考察の総体を簡潔にお話しくださって、あなたが人と人の間の交通、経済、において道徳感覚や正義感覚の心的作用から社会行為を研究されてこられた要点を理解できました。そうしたものはすべて、いままでの社会学が見逃してきたことをとらえて、新たな場を開いて構成しておられます。

われわれは、社会学のこの新たな考察の場が非常に興味深いものであると考えます。ですが、それは理解するのがとても困難な新たな次元を開いている。というのは、概念の次元が異なるものの相互関係を対象化されておられるためです。あなたはそうした研究をなされた後、一般理論または普遍理論を確立しようとは思われないのでしょうか？　たとえばブルデューは、アルジェリアについて、非ヨーロッパ社会について個別的に研究しましたが、またそれとの比較によりヨーロッパ社会も研究しました。そうした研究を通じ、彼は実際感覚における一般理論を構築しました。この一般理論は非常に有益であり、同時に閉鎖的となる傾向があります。

他方では、あなたは偉大さについて、諸々の偉大さの差異について語られました。偉大さは文化によっても異なります。ですから、非ヨーロッパ社会にも諸々の偉大さがある、この種の偉大さを理解するのも、重要なことになるのではないでしょうか。

一般理論の問題に関しては、わたしは一般理論がありすぎると考えています。社会の一般理論、「すべてに関する理論」を構築しようとするのは、社会学の小児病です。あなたは、わたしが長年一緒に働いたブルデューの例を挙げられました（それにわたしは、彼の『実際行為の理論素描』に非常な感嘆を覚えています。この本は、わたしの意見では彼の最高傑作です）。しかしわたしの考えでは、彼は自己の作品をあまりにも確定させ、閉ざしてしまったため、今日、少なくともフランスでは、社会学の前進の障害になっています。多くの若者が、本当の実地研究をせずに済ませています。なぜなら彼らは、急いで集めた最低限の資料に、ブルデューの諸範疇を適用するだけで満足しているからです。

わたしの考えでは、中程度の射程をもった理論を作るべきです。諸々の物事 choses を、ある程度開いたままにしておくべきです。こうした理由もあって、われわれは、たとえば『正当化の理論』は社会の理論ではないことを非常に強調しました。その目的は、いくつかの状況をモデル化することにあります。すべてに関する理論を作ることではありません。規範性の一般理論を構築するような仕方で、この対談で主要にお話しした三つの著作を統合することは不可能な仕事ではないでしょう。ですがわれわれがそうすることを拒むのは、完全に承知の上でなのです。これはひとつの方針です。進行中の、あるいは来るべき新研究がもたらす可能性のあるものに応じて修正できるよう、枠組みは十分に開かれたままであるべきです。

ところでわたしは、あなたの先程の質問には二つの問題が含まれていると思います。ひとつは理論化の問題であり、ひとつは普遍化の問題です。これらは、同じ問題ではまったくありません。普遍化の問いについて言えば、プリンストンにいたとき、わたしはある友人、わたしが大好きな友人のゼミに出ていました。マイケル・ウォルツァーです。クリフォード・ギアーツ (Clifford Geertz) もまた、そのゼミに参加していました。それは道徳と正義に関するゼミでした。そしてそこでは、道徳原理の文化的多様性という理念を擁護する人類学者たちと、むしろさまざまな型の建造を支えることを可能にするメタ倫理を構築しようとする政治哲学者とのあいだで、定期的に論争が起きました。ウォルツァーは、良きコミュニタリアンとして、両者を和解させようとしていました。とはいえわたしは、そうした議論のきわめて抽象的な性格に衝撃を受けていたのです。わたしの考えでは、評価と規範性の問題に関する経験的な比較研究がひどく欠けています。さらには批判の諸形式や、正当化の諸形式の問題に関する研究も。

ところでそうした研究を行うには、やはりある場所から出発しなければなりません。もちろんそれは、西洋文化の、またいかなる文化であれ、その優越という考えを擁護するということではありません。わたしが考えているのは単に、重要なのは、どこかで、ある個別の社会文化的文脈において十分に明解でよくまとめられたモデルが作られ、次にそれを用い、判断が一致する点と判断が分かれる点とを分析する方法で、別の社会文化的文脈における別のモデルを作りうるということです。わたしの学生の一人が、彼はチュニジア人なのですが、この種の研究を行っています。彼は正義の問題を含む逸話から出発します。彼は西洋、とりわけアングロサクソンの政治哲学と、イスラムの政治哲学を非常によく知る人物です。そして彼はそうした物語を、フランス人、フランスに住むチュニジア人、チュニジアの村に住むチュニジア人に議論させます。彼は、文化的種別化の産出を可能にするひとつの母胎、より上位のモデルを構築するような仕方で、合意が存在する点と相違が存在する点とを見極めようとするのです。

たとえば、批判の問題をとりあげましょう。これは、わたしが非常に関心を抱いている点です。われわれは現在のところ、西洋における批判の歴史も、批判の諸形式の歴史ももちあわせていません。ましてや、非西洋社会で批判が実行される際の方法に関する比較データをもたらすような、批判の人類学などなおさらです。わたしは、さまざまな社会で批判が実行される際の諸形式の比較を目指した体系的な仕事を、一度も目にしたことがありません。

たとえば、偉大さが人々に決定的に結びつけられないという、「偉大さのエコノミー」のモデルの制約のひとつをとりあげましょう。カースト制度は、こうした制約とは両立しないように思われます。しかし輪廻の可能性は、正義の要求を複数の継起的な生へと分配することで、別の視野を開くのではないでしょうか。わたしにはまったくわかりませんが。この種の問いに答えるには、ルイ・デュモンの研究に倣い、モデル化に依拠した比較分析を試みなければならないでしょう。そうしたモデル化は、個別の文化体系に固有な制約と、異なる種別化の対象となりうる普遍的制約とを特定するよう、できるだけ厳密でなければなりません。これはたとえば、とくにリュック・ラシーヌ（Luc Racine）によって互酬性の問題について行われています。

——フランスにはブルデュー、イギリスにはアンソニー・ギデンズ（Anthony Giddens）、ドイツにはニクラス・ルーマン（Niklas Luhmann）という大きな社会学者がいました。しかしその後は、社会学は細密化されようとも大きな転換もなく、社会変化を把捉する上で停滞しているとわたしは思っています。

とはいえイギリスには、フランスでボルタンスキーさんご自身がそうされているように、経験的研究をしているジョン・アーリ（John Urry）やスコット・ラッシュがいます。ところでこの新たな傾向は、一方には認識論的な装置の再編制があり、他方には変化しつつある社会への考察があります。あなたの研究では、社会の変化に対応して要される認識論的な転換をどのように意図的になさっているのでしょうか？

わたしは、自分がやろうとしていることは社会学のかなり古典的な定義にまったく合致していると感じています。かなりデュルケーム的である、少なくともモース的であるとさえ言ってもいいでしょう。モースの計画は、祈り、贈与などといった諸対象を通じて把握された判断と行為の諸範疇の検証、というものでした。わたしは、社会生活において人々が使用する諸能力をみずからの対象とし、そうした計画を続行しています。基本的な考え方もまったく古典的でして、社会学とは二次的な科学であるというものです。というのも、社会的世界で行動するために必要な認識の受託者は、普通の人々にほかならないからです。ですから社会学は、この普通の認識に対して、語る主体に対する言語学者の立場に少々似た位置にあります。言語の知識 science を有する者、それは語る者であり、言語学者ではなく話し手です。しかし話し手は自分が話すためにどうしているかを知りませんし、自分が用いる言語に合致した文章を作るということがいかにして生じうるかを知りません。それを知ることは、彼の仕事ではないのです。言語学は、彼の能力のモデルを構築しようと試みます。同様のやり方で、社会学者の仕事は、まず行為者の社会的能力のモデルを確立すること、これらのモデルを経験的所与に照らして修正すること、新たな範疇がいかにして出現あるいは消滅するかを理解しようとすること、等々にあります。この計画は、解放 liberation の諸要求と実証主義的信念の実に奇妙な混合であった一九七〇年代のフランス社会理論の計画よりも慎ましいものです。七〇年代の計画はむしろ刺激的なものでしたが、整合性にかなり欠けていました。これはある観点からすれば、すでにマルクスに見られる混合です。

しかるに、みずからに解放の要求を課すか、それとも行為の実証主義的理論を採用するかを選ばなければなりません。前者の前提では、道徳感覚は真剣に受けとられるべきであり、行為が存在し、よってもちろんいくつかの制約はあるものの、人々は世界を変えることができます。後者の場合、構造主義のいくつかの変種に見られるように——まれではありますが、構造主義が行為に関心を抱く場合には——、人々は内面化されたプログラムをもつゆえに行動します。両者は両立しません。人間の行為と社会の諸法則をただひとり握る者であろうとする野心をもつと同時に、政治的、道徳的解放の理想を提案することはできないのです。

社会学者は今日、これまで以上に、政治的、道徳的責任を自覚しなければなりません。

それは、自分が社会について行う記述と関連した自己の責任です。社会学者たちは、自分たちの活動は何ものにも奉仕しないと述べるのをとても好みます。これは一種の気どりです。これはまったくの偽りです。社会学は、今日では完全に社会生活の機能様式に統合されています。フランスでは現在、社会学は知的威信という水準ではそれほど大きな成功は収めていませんが、実際的、具体的には大きな成功を収めています（三、四〇年前の心理学といささか同様に）。いまではどこにでも社会学者がいて、社会学があります。どんな小さな市町村にもです。学生たちには仕事が見つかります。教授たち、教師たちは社会学の論文を読みます。ですから社会学者はもはや、二〇世紀初頭の人類学者の境遇にあるかのようにふるまい続けることはできません。当時の人類学者は、遠くの島に出かけ、その記述をもち帰りましたが、これは西欧の学会の同僚だけのためのものであり、この記述が自分が記述した世界に反作用しうるなどとは知りませんでした（しかもこれは、古典的な人類学の場合でさえ、植民地化という制度の媒介によって生じる可能性がありました）。現在では、あなたが社会学において書くことは、ほぼ即座に社会的世界へと反転し、実際行為、特に諸々の政治的実際行為に影響を与えます。このようなわけで、記述の自律性は次第に弱まっています。社会学者の寄与は、循環の一部となっています。ですが社会学は、社会の自己自身による解釈にどのように参加すべきかを、自己の活動のいわば解釈学的な性格を十分に考慮してきませんでした。

「シテ」と「場所」とのかかわり

――現在の一つの社会において、市民的秩序、民主主義社会の秩序、産業的秩序という社会の三つの秩序様態が存在し、それらは相互に依存関係していると言えると思います。あなたが社会学的分析や社会学的デザインを行う際、あなたは新たな社会構成を見据えておられます。というのもあなたは、「シテ」について論じておられるのですから、これらと視点がまったく違います。わたしは「場所」の問題に関心があるのですが、場所はある意志をもっており、そこで生きる人々はこの意志に基づいて判断し実際行為していると考えます。彼らはそのような仕方で、旧来の社会規制を受けつつ同時に新たな社会へと関与します。「シテ」とこの「場所」意志とのあいだに、あなたはどのような関係を感取されますか。三つの秩序あるいは社会設計は、現在に至るまでそうした「場所」を破壊してきたものです。わたしには、このような場所を復回ないし創造することが重要であるように考えています。

中心的な問題は、わたしがあなたのおっしゃることをきちんと理解しているとしてですが、商品化 marchandisation です。なぜならわたしは、商品化が前提とする反省性とコード化の度合いに衝撃を受けているからです。これこそ今日、真正さ（authenticité）が根本的価値となっている理由のひとつです。われわれの社会でまず真正なものとみなされるのは、商品化されていないものです。つまり、一方では一般的等価物が存在しないもの（マルクスの一般化された売春としての商品、一般化された売春の道具としての貨幣の分析のことを考えて下さい。というのも、すべてが同等化されるのですから）なのですが、それはまた他方で、反省性の作業の対象とならなかったものでもあります。なぜなら商品化の問題とは、商品化のためにはある存在が製品へと増殖、変容すること、つまりその再生産とその輸送の可能性が前提となることだからです。そして再生産と輸送のこの可能性の前提となるのが、反省性とコード化のおびただしい作業です。わたしがエヴ・シャペロと行っている研究では、われわれは、繁盛しいつも満席の雰囲気のいい小さな居酒屋の主人が、より多くの金を稼ごうとする際に何が起きるかを例に挙げています。彼は、隣の家を買いとって店を大きくしようとすることもできますが、それだけでは足りません。

ですから、この居酒屋を他の場所にも再生産し、飲食店チェーンを立ち上げる必要があります。チェーンを作るには、「何が好まれているのか」について自問しなければなりません。そうです、マーケティングです。この居酒屋の何が好まれているのか。それは彼の外見、顔でしょうか。その場合、彼は同時にすべての場所にいることはできません。それは、彼が格子柄のテーブルクロスをかけたからでしょうか。これは再生産されえます。それは、客たちが感じがいいからでしょうか、これは再生産が難しい、等々。そしてこの反省性と輸送の作業、一般化された同等化の作業こそが、本来の場所を破壊するものです。ですからわたしは、場所を破壊するもの、それは商品化であると考えます。そして商品化は、資本主義の論理の中心にあります。なぜならすでに商品化された財の場合、利益率は競争によって減少していく傾向をもつ以上、資本主義はたえず新たな財で利益をえなければならず、新たな財を市場の圏域に引きずりこまなければならないからです。

——日本のN自動車には、わたしからの提案で動いたプロジェクトなのですが、ある場所にのみ、北海道にのみ適合した車を生産しようという「場所カー」です。ですからこの会社には、いわば「偉大さ」ともあえて言えるような二つの傾向が存在しています。つまり、標準的な車を生産しようとする人たち、そしてそれぞれの場所に適合した車を少量生産しようとする人たちです。社会を偉大さとするか場所を偉大さとするか、という識別と考えてみました。利用者のあいだにさえ、標準化された車をもちたがる人々と、ある特定の場所のために特別に作られた車をもちたがる人々がいると言えます。トヨタのやり方は、これとはまったく逆で、トヨタはすべてを標準化しカテゴリー階層化しようとしたと言えるのですが、この手続きが場所を破壊してきた産業的な商品化の均一性です。N社で新たに登場しているこの動きには、それとは別の可能性が垣間見られます。

そうですね。われわれは問題の核心にいると思います。現在起きていることに関する、問題の核心にです。ア・プリオリに即座に言わせていただくなら、N社のそのプロジェクトは標準化よりはるかに良いものでしょう。わたしは以前、チャールズ・セーブル(Charles Sabel)と一緒に研究したことがありまして、フレキシブルな生産、規格品の小規模生産が八五年代にはじまった際、それについて彼とマイケル・ピオリ(Michael Piore)とともに多くを論じました。もはや諸物ではなく人間存在について検討する場合、ひとはこう言うことでしょう。テーラー・システムはまったく非人間的であり、人々を機械のように扱っていたが、今日ではマネージメントと人間工学の新たな形式によって、人間は人間として考慮されている、と。

しかし別の視点からすれば、フレキシビリティによる被害は標準化による被害より悪いと考えることもできます。なぜならそれぞれの場所に適合した車を作るには、標準的な車を作るよりも、反省性、コード化、それゆえ世界のより精密な計算化の作業が必要となるからです。同様に、テーラー・システムの場合、人間は毎日八時間機械のように扱われました。しかし人間を機械のように扱えば、彼らの人間性に触れることはほとんどありません。彼らの人間性に触れる仕方は、彼らを労働によって使い尽くすこととなります。しかし彼らは人間ですから、批判能力を強固に残しています。彼らは、テーラー・システムに対抗する職場文化を発達させます。エンジニアに従うふりをするのですが、無視するのです。ですから、つねに蓄積へと向かう商品化のプロセスを特異なものにもちこむとしても、そこでは特異なものに触れることになるのですが、これは標準化では不可能なことでした。

粗雑で愚劣な産業的世界や資本主義的世界がましなのでしょうか、それとも凝りす

ぎた産業的 - 資本家的世界がましなのでしょうか。前者は人々の一日の半分を台無しにし、また空間の諸々の領域をまるごと破壊しますが、まさにその粗雑さゆえに、逃れうるもの、人間性の諸機会、手つかずの場所等々を保存しうるのです。後者は理解し、細部をコード化し、今日言われるように、これこれのオペレーターの特異性を考慮しながら働かせ、車をその個別の小さな町、個別の島に適合させ、と同時にすべての「真正さ」の備蓄を商品の世界へと持ちこみます。わたしには答えられません。

資本主義のなかの愛

――あなたは愛についての本を書かれました。イギリスではギデンズが親密さについて、またアメリカ人のブルーム(Allan Bloom)も愛について書いています。わたし自身も、ジェンダーと愛についての本を書きました。あなたはこの相応についてどう思われますか。

それにルーマンも! そうですね、なぜでしょう。わたしの場合、答えは単純ですが、あまり専門的なものではありません。われわれが送っている種類の生活、とくにキャンパスでの生活（これは地上で最も退屈な生活と言わねばなりません！）の場合、唯一起こりうるのは愛だからです。ですからそれは、多くの人々、特に大学人にとっては、不確実性の源泉たる宗教と、戦争とにとってかわりました。これは実際に、「真正さ」の側からのひとつの抵抗の形です。ひとは確かに、そこには真正さの備蓄があることを感じています。しかし真正さの備蓄の問題は、それが石油のように枯渇することです！そこで、わたしはいかめしい人間ですから、愛について、ただし異性間の情愛との問題とはまったく異なる部分で愛について論じようとしたのです。わたしは非常に美しい、しかし実に実に無味乾燥な神学のテクストを取り上げました！

わたしは一昨日、サビーヌ・シャルヴォン（Sabine Chalvon）という友人の論文を読みました。彼女はテレビドラマについて研究している社会学者で、テレビドラマの分析を行っています。とても興味を引いたのは、彼女がテレビドラマに関し、われわれが企業マネージメントの事例に見出しているのと同じ種類の事柄を示していることでした。つまり、新たな紐帯を作ることが重要であるような世界の構築です。偉大なモメントは、紐帯が断たれるモメント、紐帯が作られるモメント、そしてすべての諸関係が選択的となるはずのモメントです。それは親が子供を選ぶモメントであり、子供が親を選び、カップルが別れるモメントです。しかし彼らは、以前は最後に別れていましたが、そうではなくドラマの最初に別れます。こうしてドラマは、カップルがいかにして再形成されるかを対象とすることになります。もちろんそうした世界では、結局のところ、愛は結合化のきわめて重要な原動力とみなされています。

――あなたは凝った資本主義について話されましたが、また個人の個別化についても話されました。わたしは、個人化が使用価値、自律行為として場所において関わっていけば、そこにはひとつの希望が存在しえる、自律的個人には「構造化する構造」の力があると考えます。

わたしにはわかりません。本当に。残念ながら、わたしのわずかな知識では、展望が開けません。これが厳然たる限界なのかもしれませんが、いまのところわかりません……。もしかするとわたしは、あまりにも警戒しすぎているのかもしれません。商品化のプロセスをいかにして止められるのか、わたしにはわかりません。それはつねに続きうるでしょう……。わたしの考えでは、それは搾取よりも深刻です。搾取の場合、それを制限する装置を見つけることができます。そして実際現在では、たとえ新たな形式が存在するとしても、ひとは搾取の諸形式についてかなりの知識をもっています。現在は、新たな形式が存在するわけですが。しかし商品化の方は、それがわかりません。わからない理由は、装置が、臓器などの商品化を防ぐように、商品化を禁止し制限する装置を定めると想像して下さい。装置は結局、同じ反省性の結果を生むことでしょう。商品化の性質を帯びることでしょう。なぜならわたしには、問題は個別化の問題というより、再特異化 resingulariser の問題であるように思われるからです。そして再特異化とはまさしく、世界において同等性を逃れる部分の存続を許すことなのです。

〔聞き手：山本哲士、三好信子。一九九七年九月一七日インタビュー。パリ、EHESS にて。〕

＊【補記】本稿は米国で刊行された Tetsuji Yamamoto(ed.), *Philosophical Designs for a Socio-Cultural Transformation: Beyond violence and the modern era*, ISLA 1., Rowman & Littlefield, 1998. 856p に収録するために、ボルタンスキーは大幅の加筆修正をなしたゆえ、非常に明確に考えがまとめられているものになった。『資本主義の新たな精神』を準備中のときであった。

道徳感覚の規範型になる〈シテ cité〉とは何か？

――正当化の場所

――「シテ cité」概念は、既存の社会科学的認識にある者にとっては非常に難しい概念です。今まで考えられえていなかった次元に新しい概念空間による理論生産がなされているためで、既存の社会科学的批判による客観化の方法や識別の仕方を転じて超えておられるからですが、これまでも何度かおうかがいしていますが、あらためて「シテ」の意味の再確認からお話しいただければと思います。

シテとは、われわれの正義感覚の明確化や誇示である、それを示すモデルです。ただしわれわれは哲学者ではなくて社会学者ですから、普段の正義感覚から出発します。

この感覚の証拠は、各人がその立場を主張する論争のうちに認められます。ひとは、一方では論争のなかで展開されることになる批判を誇示するためにモデルを探し、また他方では、ある共通の立場へ収斂することで論争から抜けだす可能性を探ります。ですからそれは、批判とコンセンサスとの古典的な対立を乗り越えたいのです。それが「規範形成的なモデル」です。つまり、同じままのモデルではなすべきことを示さず規範形成的になりませんが、こちらのモデルは正義感覚を導く規範性型のモデルとなります。なぜなら、批判とは、「世界がかくあるところのもの」と、規範として「世界がこうあらねばならないもの」との差を、前提とするからです。もしもこの差がなかったら、批判は無用となるでしょう。ですから、批判が依拠している規範的基盤を明確にすることが必要になります。この基盤はまた、合意し、一致して、論争から抜けだせるようにする規範的基盤でもあります。したがって、こう言ってよければ、シテのモデルの構造とよばれているものは、一方では「共通の人間性」という概念に依拠しているのです。そして共通の人間性の概念とは、人間と人間でないものとのあいだが明確に分離されることです。また他方では、すべての人間のあいだに「根底的な平等性がある」ということです。現在わたしは、『正当化の理論』では問題設定されていなかった新しい人間性の問いを展開し、モデル化し、検討するために、新しい本（『胎児の条件』）を執筆しています。中絶の問題から出発することによって、わたしが現在行っているのはこれです。

「正当化」とは？

――あなたは、論争においては「正当化」が双方において行使される、そこには、「共通の人間性の概念」が働いていると考えておられる、この正当性と共通の人間性とのつながりはどういうことでしょうか？

非常に単純なことです。それはつまり、シテのモデルは、まず共通の人間性という概念に依拠しています。わたしは、共通の人間性はモデルにおける公理であると言うことによって、留保しておきました。これは、まだ敷衍されていないことですが。

そして現在は、『正当化の理論』ではなく、現在執筆している本の中で、それを解明する鍵として中絶の問題を用いながら、共通の人間性という問いを発展させているところです。

――あなたが語られている「正当化」とはプラチック（＝実際行為）次元で語られておられるのですが、いわゆる既存の社会学とは異なる概念構成的なものになっています。どのようなものか、もう一度確認のため教えて下さい。

正当化ですか。そうですね、基本となる考え方は――シテのモデルは後で戻ることにします――、論争があり、それが正義に関係するとき（常にそうなるわけではありませんが）には、それは人々のあいだの象徴的あるいは物質的財の分配の問題に、財、モノ、人のあいだの関係の類型の問題に関わり（これは、恐らく常にそうなります）、よってある人々が分配の妥当性に抗議し、今ある経験的な世界の状態を、それがあるべきところのものと比較して抗議することになる、というものです。一方では、彼らは批判を行わなければなりませんし、また他方では、自分たちが善と見なす世界の状態を正当化しなければなりません。なぜこの世界の状態なのかを語り、批判が何の役に立つのかを語らねばなりません。わたしが小さなオフィスではなくこの大きなオフィスをもっていることはなぜ善いことなのか。なぜ最も優秀な人々が大きなオフィスをもつことが善いことなのか。こうして、彼らは自分たちが小さなオフィスをもつ者たちよりも優れている理由を正当化することができるのです。

――それが正当化の配置ですか。行為者における分配次元での妥当性に関わっており、力関係とは関わりのない場でなされている……。

そう、これが正当化です。正当化は、すべての関係が単に力関係によってのみ支配されているわけではない、ということを前提としています。もしも力関係が存在したら、その時は正当化を行う必要はありません。批判を行う可能性が存在しないのです。

さらにわたしは、強制収容所におけるプリーモ・レーヴィの有名な言葉をいつも引用します。誰かが質問をすると、彼は「ここには何も問題はない」と答えるのです。ですから、正当化は正当化が強制される公的な状況が存在することを前提とします。そこでは誰も正当化を逃れることはできないのですが、それゆえ批判が再開される可能性があります。つまり批判された者は自身を正当化しなければならず、しかし批判する者もまた自分の批判を正当化しなければならないのです。というのも彼は告発を行っているからであり、告発はひとつの暴力だからです。

――決定には、彼らの力関係だけではないものが、正当化によって働いているということですね。

同等性の原理と序列化、そして「シテ」

そこでは、決定するのは彼らの力関係だけではなく、批判と正当化との循環に入りこむのです。それでは、例のモデルに戻りましょう。あなたが興味をもたれているのは、この『正当化の理論』『資本主義の新たな精神』に示されている〈シテ〉のモデルですね。

まず、第一の公理、先ほどの共通の人間性という公理、つまり人間はすべて平等に人間であるとする公理があります。次に第二の必要性が、つまりある状況においては、事物や財の割りあてを公正なものとするために、これらの人間のあいだに序列をつけなければならない、という第二の公理があります。ですから、これらの人間はみな人間として平等に価値があると定められ、そう見なされるのですが、しかしある人間たちは別の者たちよりも偉大である、あるいは偉大でないと言われるのです。よってこれら二つの公理のあいだには、矛盾または緊張が生じることになります。

もしもすべての人間は平等に人間であると言うだけにとどめるならば、「エデンの園」とよばれる単純化されたモデルをもつことになります。これは、いわば人々を判断することを拒む愛において生じることです。つまり、人々の偉大さについて判断を下すのを拒むわけです。たとえば、やもめの人で、自分の妻をとても愛していたものの別の妻と再婚した人は、最初の妻はもっとかわいらしかった、しかし二番目の妻は料理がもっとうまい、という比較の一覧表を作るのを避けるものです。こうした計算は避けるのです。つまり彼は、自分の妻たちをさまざまな能力によって序列化することは避ける、というわけです。

したがってより正確には、こう言ってよければ、第二の制約は、人々のより偉大あるいは偉大でない異なる地位があり、これらの地位が序列化されている、あるいは序列化可能であると見なすのです。しかし二つの公理のあいだの矛盾を回避または解決するためには、一群の諸装置が必要です。しかしそのなかでも非常に重要な装置は、偉大さの地位が決めつけられたものとして人々に付与されることはないということです。なぜなら、もしも偉大な人々と卑小な人々が決定的に存在するとしたら、もはや共通の人間性が存在しない事になるからです。第一の原理はなくなってしまう。よって諸々の位置は一時的、非・固定的、非・決定的なものでなければならず、それと同時に、これらの位置の開示は現実の「試練」に結合されねばなりません。

ひとつ例を挙げましょうか。非常に単純な試練ですが、たとえば仮に実験室に年輩の人と若者の二人の研究者がおり、年輩の人に非常に良いコンピューターを、若者に悪いコンピューターを与えるとします。若者は、「自分は情報処理の学位をもっているし、使い方は心得ているのに、彼が年輩であるという理由で良い方のコンピューターが彼に与えられた、これは公正ではない」と言うかもしれません。そしてこのとき、コンピューターを動作させ、次にそれで作業をし、決着をつける試練を受けるよう求められることになります。しかしこのようにして定められる位置は、決定的に固定されるわけではありません。この正義のモデルに従えば、年輩の人は二ヶ月後に、「自分はこの二ヶ月間で学習したから……」。「自分が変わったことを見せたい」……。そう言いに来ることができます。しかし、まさしく序列化されるのは人々ではなく人々の位置ですから、それらを比較するための諸関係を定義する必要があります。

――定義する必要がある場とは、規範関係においてですか、実際関係においてですか、どのようなものにおいてなされるのですか？「関係」を定義するとは、どういう対象化／客観化になるのでしょう？そこに〝シテ〟と関わりが設定されてくるように思われます。

仮にあなたたちが論争をしている場合、あなたたちのそれぞれの全体を定義することが問題なのではなく、それがどのような関係のもとにあるのかを言うことが問題となります。たとえば、あなたがたは社会学、フランス語、料理といった関係において比較されるのです。「関係」とよばれているもの、この関係を可能とするもの、それは異なる諸々の「同等性の原理」です。

これによって、これこれのものを、それらに共通要素を再認する規範のもとで比較することが可能になるのです。

たとえば効率という関係のもとに、二人の労働者と一台の機械を比較することができます。つまり、同一の構造をもってはいるものの、その同等性の原理を異にするさまざまなシテが定義されるのです。そうしたシテにおいては、諸存在が評価されうる関係は異なったものとなりうるでしょう。あなたのお手紙にあったように、あなたはとくに場所の問題に興味をもたれているのでしたね。場所の問題は、世界の観念を介することでこのモデルに含めえるものです。なぜなら、簡潔に言えば、次のような論拠があるからです。それは、もしも偉大さが人々に固定されず、現実を賭けた試練が必要とされるなら、その試練は人とモノのあいだの関係によって行われることになるからです。そしてこのとき、それぞれのタイプのシテに事物の様態が結合されます。その時までは、抽象的な結合があるだけです。

しかし本来の意味での論争の状況においては、この結合はモノを作り出し、活性化します。なぜなら結合は、論争にもちこむことができ適切でありうるものと、論争には適切となりえないものとを決定するからです。

ひとつ例を挙げましょう。悪い例かもしれませんが、わかりやすい例です。あなたが車の事故を起こすとします。あなたは誰かの車に衝突します。どちらも、怒り狂って車から出てきます。

そして自分の怒りにどのような要素でももちこもうとして、もし義母が今朝自分をいらいらさせていなかったら、自分はもっと落ち着いていて相手の車にも気づいていただろう、と考えるかもしれません。相手がいやな顔つきをしていると考えるかもしれません。あるいは、ともかく自分は医者で急いでおり、相手が悪いと考えるかもしれません。そしてもうひとりの方も、同じようにどのような要素でももちこむことができるのです。しかし、もしもどのような要素でももちこむことができたら、暴力以外の仕方で論争から抜けだす可能性はほとんどなくなってしまうでしょう。すぐに殴り合いになってしまいます。逆に、たとえば交通法規のような枠組みに身を置くならば、右方優先、タイヤの状態、車道は滑りやすかったか、止まれの標識は見えたか、といった選別された要素を適切なものとしてとりだすことができますでしょう。

そして同様に、これは世界の隠喩でもあります。シテに結合された世界は、論争に用いることができるもの／できないものを選別するのです。

――シテの次元とモノの配列と世界との関連がどのようなものであるのか、とても複雑に感じられるのは、今まで考えられえていなかったいくつもの関係のしかたが語られているからです。

このモデルには、シテのモデルという形式的要素があります。これにはシテの多様性が伴います。というのも、いくつもの同等性の原理があるからです。わかりにくいですか？　黒板が必要かもしれませんね。

――同一の構造なのに同等性の原理が異なる、そこにさまざまな感覚プラチックがありえて、AであるのにAでないものが作用しうる、同一ゆえ違いが選別されるなど、すると、モデルは単一でなく、モデルの複数性について論じられていく。ここが、また既存の認識にあるとわかりにくいのは概念空間の水準が異なっていて、とても難しいところなのです。

わたしが先ほど語ったのは、こう言ってよければ、あなたはわたしにシテについておたずねになり、わたしたちはシテについて語りました。ですからわたしは、あなたにモデルを示しました。しかし次にわたしは、人々がある関係にとらえられている以上、諸々の偉大さが彼らに付与されており、彼らの論争すべてを管理するのにただひとつの関係で充分だと考えるのは非現実的だ、と言いました。したがって、それらを関係の複数性のもとに捉らえなければならないと述たのです。ですから、この関係の複数性が異なるシテをもたらすわけです。モデルの構造は同一ですが、シテは異なります。なぜなら、同等性の原理が異なるからです。

そしてわたしは第二の点として、人々の主張の妥当性を認めるには、試練が必要だと言いました。この試練は、人々や事物を比較することにある、と。しかし、その同等性の原理に応じた異なる試練が必要となります。ですから、シテのそれぞれには異なる事物の世界が結びつけられているのです。

人間はすべて、シテに属す。そして事物の配置

——シテの場所があり、そこに異なる事物の世界があり、かつプラチックがなされている、その複雑性がいかに理論的に対象化されていくのか、そこが単純なブルデュー理論をこえてしまっているところで、明解なのに難しいのです。六つないし七つのモデルのそれぞれの特異性が「シテ」だとされ、かつそれらが作用する場所が「シテ」だとも設定されています。

あなたがシテを記述するときには、そのモデルを記述することでそれを形式的に記述することができます。次に、あなたは異なる同等性の原理を記述することになります。そしてもしあなたが詳細な記述を行いたい場合、記述を満たしたい場合、そのときあなたは世界の事物を並べあげることになります。それはつまり、たとえば個人的関係からなる家庭的世界においては、適切な事物は、カード、家族の祝い事、贈り物であり、企業の効率の世界では、適切な事物は、

圧力計とか、勤務時間割などです。よってあなたは、詳細な記述を行わなければならず、また諸々の世界を同等性の原理のそれぞれに結びつけます。したがって、わたしはモデルを通って近道することによって、あなたをこの場所にまで導いたのです。

このモデルの特色のひとつに、人間はすべてのシテに属しうるということがあります。人間たちは、それらのシテにおいてどのような関係においても捉えることができます。

しかしモノは、むしろあるシテや別のシテに属しています。人を動かすことは可能でしょうが、モノは固定されています。

ここで、人々の批判の活動について見てみましょう。

批判の活動とは、あるシテにおけるとり決めの妥当性に異議を唱えるために、別のシテに依拠するという行為によって定義されます。そして、その場所には他のシテにおいても容易に活性化され規定される事物や人々が存在するだけに、批判はそれだけいっそう容易になると考えられるのです。

ひとつまったく単純な例を挙げましょう。わたしが正当化についての講演を行うとあなたに言うと想像して下さい。あなたは、そのためにわたしにお金を払わなければなりません。しかしこの講演がわたしの家で行われ、そこにはウイスキーの瓶があり、わたしの家族、友人が皆そこに居て、子供たちが遊んでいるとします。すると誰かがやってきて、あなたは国からお金をもらっている、あなたはこれを職業的な講演だと言うが、これは実際には友達との交際である、あなたがしていることは家族のお祝いだと言います。つまりこの人は、わたしが場所や自分のすることつまり講演に与える定義に対し、別のシテに属する要素を対立させるわけです。

こうした理由から、試練に異議を唱えられないことが重要である試練の状況においては、事物が存在しないように、事物がさまざまなシテにおいてアクティヴとならないようにしながら場所を使うことが重要なのです。

——事物がシテにおいてアクティヴにならないというときの、そのアクティヴとは、どういう状況のことでしょう。

それらがアクティヴであるとは、自分のコンピューターを働かせるように活性化されているということであり、それがさまざまなシテにおいて規定されうるということです。わたしの言いたいことがおわかりですか？

——いいえ、難しいです。あるモノ＝事物があり、そのモノが配置されるいくつかのシテが設定されうる、それが批判的判断に関わってくる、そして家で講演するというプラチックな（実際の）場所がある。そのプラチックな場は、いかようにもありえますよね。つまり、ある理念型と実際の多様な場（界）と実際の場所との相互性が、いくつかのモデルに還元しうる根拠がどういうことなのか……

なぜ家で講演を行うという問題設定をしたかというと、それは、その場合話がとても簡単だからです。事物は雑多で、ここにはわたしのテーブルがある、という具合です。五〇年前、そして六〇年前にはこれこれでした、というように。家での講演は形式張らない講演、あるいはサロンです。そこにはわたしの妻、子供が居て、飲み物を出す給仕がいます。したがって、雑多でありうる事物や状況があるわけです。それは雑多であることを望むような場所です。

そしてこのとき、誰かがたとえば「この講演は、社会学を学んでいるところなのか、それとも友達同士で楽しんでいるところなのか」という批判を行うかもしれません。彼は、そこにある事物に依拠しつつそう批判判断するのです。もしもその状況を批判されたくなかったら、そのときは、その状況に他のさまざまなシテと比べて、雑多すぎる事物がないようにしながら状況を準備しなければなりません。

さまざまな同等性の原理があります。この別の同等性の原理と結びつけられることで、あなたは別の世界を記述することができます。この世界を、多くのさまざまな事物で満たすことができるのです。たとえば、もしある同等性の原理が、われわれが「家庭的偉大さ」とよぶものであったら、この偉大さの試練をなすためにこの世界が必要となるのです。

シテを動態化する

——あなたの著書『資本主義の新たな精神』のなかでは、かつての六つのシテに代わって、「七つのシテのモデル」が示されていますが、なぜ七つなのでしょうか?

七つである数に理由はありません。それは歴史的なもの、経験的なものと見なされるものです。このモデルに結びつけられた唯一の事柄、唯一の限定は、そこに唯一の同等性の原理だけが存在することは不可能であるというものです。

同等性の原理、それはひとつの形而上学であり、形而上学には二つのレベルがあります。常に特異であるような諸々の存在——〔モノを手に取りながら〕これは、特異なもの、これは特異なもの、あなたは特異なもの——があります。そして同等性の原理とは、諸々の経験的存在ではなく、それらを比較することを可能にするものです。

ですからこれは、たとえばドゥルーズの形而上学とはまったく異なります。ドゥルーズの形而上学は内在の平面にあり、形而上学が唯一の平面のみをもつことを望むものです。しかしわたしの形而上学は、二つのレベルをもった形而上学です。経験的諸存在のレベルと、取り決めのレベルです。あるいは、「取り決めの原理」です。同等性の原理とは、ひとつの取り決めなのです。

したがって、七という数の歴史に関して言われているのは、これは結局、シテを作るために用いられた古典的政治哲学であるというものです。これらのシテは、しばしば世界全体からなるユートピアの上に、唯一の取り決めの上に建設されています。

ルソーにおいては、それはたとえば市民的な善です。しかしわれわれは、唯一の取り決めはユートピア的だと考えるのです。しかし、社会学者たちが極めて柔軟に、極めて気楽に語る、際限のない取り決めの多様性にも問題があります。彼らは、ある選好が存在するや否や、明らかにある価値について語ることができると言います。われわれは、それは大げさだと言います。なぜなら、われわれが「偉大さ」とよぶものに対する、諸々の選好を区別しなければならないからです——コーヒーよりも白いカップを好む、等々。

「偉大さ」とはつまり、公的な場において正当化を支えることを可能にする、正当な評価原理です。もしもわたしが、たとえば「わたしは褐色の髪の女性たちよりもブロンドの髪の女性たちを、あるいはブロンドの髪の女性たちよりも褐色の髪の女性たちを好む権利をもっている」と言うとしたら、そしてもしわたしが「わたしはこの研究者、この女性研究者をわたしのゼミに入らせよう、なぜなら彼女はブロンドだから」と言うとしたら、それはまさしく選好でしょうが、正当な評価の原理ではないでしょう。

――正当な偉大さの原理とはならないものがあるというわけですね。

よって唯一の偉大さの原理と親和力のあいだには、歴史的に形成された多様性が存在すると考えられるのです。しかしこう言った方がよければ、『正当化の理論』においては、これら評価の原理すべてが、時間を考慮することなく同時に平板にとりあげられています。一方『資本主義の新たな精神』においては、本の目的、本の理論的目的となっているのは、ひとつのダイナミクスを作ることです。『正当化の理論』は、完全に静的なものでしたが、そこで目的は、同等性の原理の「消滅と出現」の研究を提唱することになっています。

――それが、あなたが六〇年代と九〇年代のマネジメントを比較したということですね。

そうです。こう言ってよければ――これは七つのシテという数の問題とも関連がありますが

――この本が対象としているこれらのシテの出現は、その時期に生じたものです。ほとんど消

滅しようとしているシテとして、「家庭的シテ」があります。つまり、このシテはもはや公的正当化の正当な支えではないという意味で消滅しようとしているのです。

ある冗談の例を挙げましょう。わたしは、高等研究院の教授会に出席して退屈すると、正当化の試練をしたりします。わたしは、家庭的正当化を試練したことがあります。たとえばこの学生は同僚の某のお気に入りだから、彼には良い点数をやらなければならないと、そう言ったら、全員が大笑いしました。おわかりですか。なぜなら、このタイプの家庭的論拠は五〇年前には可能だったかもしれませんが、もはや公的正当化の道具には属していないのです。それとは反対に、われわれは、この二〇年のあいだに、おそらく新しいシテが出現しつつあることを明らかにしようと努めています。われわれは、これを「プロジェクトによるシテ」とよんでいます。これは、部分的には日本からやって来たシテなのです。

——「プロジェクトによるシテ」とは、いかなるものでしょうか。

これは、プロジェクトによる企業、プロジェクトによるマネジメントといった言い方をまねたものです。われわれは、最近のマネジメントのテクストを元にしてこのシテの記述を行っています。すでに『正当化の理論』のなかでも、われわれは企業向けのテクストを元にしてさまざまな同等性の原理を記述していました。

――シテとは、社会階級の概念でもなく、界（champ）の概念でもない……。

そう、界の観念ではありませんし、それとは何の関係もありません。こう言った方がよければ、階級と界とを比較するなら、階級は経験的な総体に帰着します。「階級を、諸存在の集まりを作るためには何が必要か」と問うとしましょう。それには、これらの全存在が同様のものである、たとえば全員が労働者であるという同等性の原理が必要です。われわれは、階級の手前にある様態付与に身を置くのです。よろしいですか。界と比較すれば、界とは、ブルデューにおける界とは、何よりも知的な言葉や芸術的な言葉をもとに構築されるものです。しかしわたしの意見では、知的な言葉や芸術的な言葉は、たとえば一九世紀のボヘミアン的パリの世界がそうだったように、わずかなものだったのです。これは、ある真実を語ってはいます。それは、こうした人々は互いに対立することで自己を定義しているということです。あなたが構造主義をやっているとしたら、わたしは「いや、わたしは機能主義をやっている」と言うわけです。次に第三の人が「ああ、この二人は構造主義をやっているな、しかし自分は客観主義をやっているのだ」と言うわけです。

――それが「界」ですか。象徴的なストラッグルがなされている場ですね。

そう、これが界です。こう言った方がよければ、それは構造主義の古い言葉から来たもので、つまり構造的相互作用論です。誰もが、他人の立場から区別するために自分の立場を作り出しつつ、自己を定義するわけです。よって知的競争の世界では、この世界から外に出るとき、その概念は重要な意味を失います。知的競争の世界においては、誰もが自己を定義し、よって競争のなかで他人と異なる最大の価値を獲得するために自己の立場を作りあげるのです。これが界です。

われわれは、これとは何の関係ももっていません。問題はまったく異なります。わたしは、界が存在しないと言っているのではありません。階級は現実に対応していないと言っているのでもありません。そうではなくて、われわれはまったく別の問いを、最も幅広い定義をもつような問いを立てているのです。それは、「何をしなければならないか、社会生活においては、どのような位置が与えられているか」。界の社会学は、この必要性をどのように扱うべきか一度も正確に理解しなかった社会学です。この問題はすでにマルクスにおいて中心的なものとなっており、ブルデューにも見出すことができます。解放を提唱する立場――マルクスには、解放の狙いがあります――と、歴史的必然性を築きあげる科学主義的な立場とのあいだに、極めて強い緊張があるのです。

ブルデューには、不正に対する極めて強い憤慨があり、解放という狙いがあり、そして必然性の秩序、社会の法則に対する非常な固執があります。このことは、一貫性の欠如をもたらします。なぜなら、もしも社会が法則によって支配されるのであれば、たとえばあらゆる社会的世界が支配の対象であるなら、支配に対して憤慨するには及ばないからです。仮に、人々が口にする規範形成の動機がすべてイデオロギーや虚偽の秩序に属するほど強力な社会の法則が存在したら、そのとき、いかにして解放を目指しうるのかわからなくなります。

規範性の実際的な位置づけ

――マルクスは、客観化しうるものを徹底して客観化しましたが、客観化しえないものをちゃんと残しました。しかしブルデューは、客観化しえないプラチックな域を扱いながら、「普遍科学」の社会学へといってしまいました。あなたは、この双方の限界、というか、論じられえていない域を明確にしていらっしゃいます。

彼らは、別格の人たちです。他にも、多くの例を挙げることが可能でしょう。社会科学は——経済学ほどではありませんが——みずからを科学として構築することを望むゆえに、規範性を、錯覚、偽りの見せかけ、虚偽に還元する傾向があるのです。これは、まったく核心的な問題です。これは、次の理由ゆえに非常に問題となるのです。

もしあなたが人々の言うことや行うことに関わらない純粋に構造主義的な社会学者であるなら、それはそれほど具合の悪いことではありません。たとえば、もしあなたが説話の構造を明らかにするのであれば、それは具合の悪いことではありません。しかし、もしあなたが人々の言うことや行うことに関わる経験主義的な社会学者であるなら、日常生活において表出される多量の道徳と規範性に居場所を見つけてやらなければならないのです。

そこで、ある意味ではフロイトを模倣した解決として、人を二つに分離することとなります。人は、右手では「愛、道徳、正義」と書き、左手ではそれをまったく知らず、たとえば必然性、利害の法則にしたがってそれを目指すのです——彼がその界に占める立場に応じて。

あるいはこの解決は、「わたしは損得勘定をせず、わたしの友人たちを愛しています」と語る立前があり、彼がこれを信じていると考えることであり、そして内面には卑小で残酷な計算者、たえまなく計算を行う別人が居る、と考えることです。しかし、あなたがこの類の機械装置を組み立てるとき——これはブルデューに、そしてマルクスとフロイトを接近させようとした七〇年代の時期のすべての派に見られるものです――統合を行うことが非常に難しくなります。
別の論拠がお望みであれば、規範性のレベルは実にコストがかかるものですから、自分たちが正当化もなく単に力と利害に命じられて行動しているという事実を隠すためだけに、彼らが大変な努力をして自己を正当化している、というのはほとんど受け入れがたいように思われるのです。こう言ってよければ、力と利害の秩序に属するような真の理由の単なる隠蔽として道徳の位置、正当化の位置が理解されることはないでしょうし、理解することは不可能です。われわれが問うているのは、そのようなものとして表出された表面が、こうした背後の隠蔽を必要とする理由です。

――それはつまり、そのとき規範性のレベルは単なる見せかけになるという意味ですか。

それは見せかけになりますが、しかしこう言ってよければ、なぜこの見せかけが必要なのかを理解することは非常に困難になります。

――でも、なぜこのような見せかけが必要なのでしょうか。

それは非常に困難となりますが、最も道理に適っているのは、それは常に見せかけであるわけではないと考えることです。それは見せかけである可能性もありますが、しかしそれは常に見せかけなのではない、と考えるのです。しかしその場合、規範性に居場所を与えるような社会学の枠組みを構築することが前提となります。さもなければ、それは見せかけのようなものに過ぎません。

——それが、あなたがなさっていることだと……。

そうそれが、われわれがしていることです。シテのような概念 notion を例に出せば、この概念の目的は正当化や批判を統合しうるような社会学を作ることにあります。もっとも、批判と正当化は同じものです。なぜなら、あなたが誰かを批判するならば、彼はあなたに「なぜ君はそんなことをするのか」と言い、よってあなたは自分を正当化しなければならなくなるからです。そして次に、彼は「もちろん違う、君はわたしにそう言うが、しかしそれは真実ではない」と言い、彼も自分を正当化します。ですから、あなたはたえず循環することになるのです……。

食堂があるとします。食堂で順番待ちをするとき、講演の開始を待つとき、人々がしていることに耳を傾けて下さい。彼らは、批判と正当化ばかりしています。また、あなたが道で誰かにぶつかり「ああ、失礼しました」と言ったとしても、すぐさまあなたは、彼があなたに対する非難をしてくるかもと考えます。たとえばあなたが誰かにぶつかったとして、あなたは「ああ、失礼」と言うのですが、あなたはその人が「あのひとは自分を挑発するために、あるいは性的な理由でわざとぶつかったのだ」と言ったと考えるのです。そしてあなたは、何も言われないそばから、「いえいえ、まったくそんなことはありません、あなたに触れたのは足を滑らせたからなんです」と言うのです。

こう言ってよければ、社会の組織体はたえず他人との規範的関係の確立および批判と正当化への配慮によって満たされ、住まわれているのです。

社会関係について言えば、それはたえず暴力の瀬戸際にあります。そしてわれわれは、人間たちがたえず暴力のなかにあることのないよう発明したもの、を記述したのです。

――暴力のなかにないように記述したものとはどんなことですか?

シテ、正当化、批判、これらはたえず暴力のなかにあることがないよう発明された装置です。たとえ暴力が永続的な地平であっても、常にそこに押しやられることがないように。

――それが規範形成のレベルなのですね。

これは規範形成のレベルであり、規範性を統合する諸装置です。しかしこう言ってよければ、暴力の地平と極限は非常に重要ではあるのです。

シテの場所と述語性

――わかりました。ところで、あなたが語られているこのシテとは、わたしは述語面であると思うのですが。以前にも申したように、西田が語る述語的状況です。あなたが「シテ」とよばれているものは、西田が「述語的」様態とよぶものに対応していると思うのです。

わたしは西田を知りません。彼に関するいくつかの論文を、しかも良く理解できずに読んだだけです。しかし、西田の意味での述語、述語づけというのは、同等性の原理ではないのですか？　つまり、特異なものたちを同等とするときに、特異なものたちの多様性から抜けでるということではないのですか。これは、述語への溶解とよばれるものです。

あなたは山本さんで、わたしはリュック・ボルタンスキーです。わたしたちの年は同じではありませんし、同じ国の出身ではありません。わたしはあばらロースが好きですが、あなたは刺身が好きです、等々。わたしたちは、そのような関係においては完全に異なっています。しかしわたしたちは、「結局そうしたことすべては重要ではない、あなたと共通の述語、それは考察を行っている最中の研究者であるということだ」と言うのです。ですから、わたしたちは述語に吸収され、溶解されるのです。そしてこの操作は、実質的に、論争が存在する場合に試練で行われる比較の操作です。この比較の操作がなければ、「ああ、しかし某は某よりも高額のオファーをしている」と言うことはできません。ですから、比較の操作は述語への溶解という操作なのです。あなたのおっしゃっているのはそういうことだと思うのですが、確信はありません。これは性質づけの操作です。

――述語性は性質づけの以前にあります。あなたが語られる性質づけには、性質づけられる主語が存在するでしょう。しかし述語性は、主語化される以前の原初的状態、判断以前の面なのです。

なるほどわかりました、しかしこう言ってよければ、『正当化の理論』でわれわれが展開したモデルは、二つの異なる関係において捉えることができると思うのです。このモデルは、状況の配備（agencement）という関係において捉えることができます。この関係において、場所の問題とのかすかな類似を見出すことができますが、わたしの考えでは、このモデルは強力な自由主義的側面をもっています。つまり、正当化という強力な側面であり、行為、運動としてのモデルです。

このモデルを二つの観点から捉えることができます。状況の配備という観点、その状況にある諸存在間の関係の様式という観点です——ただしこれは、この本の最も重要な観点ではありませんが。この観点からこのモデルを捉えるならば、「場所」の問題とのつながりを見出すことができます。しかしこの本のなかには、わたしがより重要だと考える観点があります。『正当化の理論』のなかにある、諸存在は彼らがそうであるところのものによって、まさしく行為の主体として評価されるという意味で自由主義的な観点です。わたしは今、「人間はいかにして作られるか、人間はいかにして製造されるか」について研究しています。そしてわたしは、女性のお腹のなかで生じることについて研究しています。これは難しいことです、なぜならわたしにはその経験がありませんから。

——それで、あなたは生命に関わる中絶についてふれられたわけですね。

特に、中絶の問題を起点にしています。そちらでは、わたしは場所の問題と、わたしが非常に関心をひかれるコーラ（khora）とトポスの対立、つまり場所（lieu）、地方（contrée）、空間（espace）のあいだの対立の問題をはるかに多く見出しています。ベルクが丘について言っているように、もし家をとり去ったら、そこにはもう同じ丘はありません。もし丘をとり去ったら、そこにはもはや同じ家はありません。わたしの学生たちにこのことを話すとき、わたしは丘の家とは正反対のものを語ります。それはアメリカ人の「移動住宅」です。移動住宅がどのようなものか、「トレーラー」です。トレーラーとは、まさしくトポスです。座標があり、そこにトレーラーを置くことができます。トレーラーを座標によって定義するわけですが、それは同じトレーラーです。トレーラーは変化しません。一方丘の家は、よく言われるように、丘と一体化しています。家をとり去ったら、それはもはや同じ丘ではありません。家をとり去って平野に置いたら、それはもはや同じ家ではないのです。

場所との関係、それは、丘の家は、地方、コーラといった概念すべてを指し示すということです。これらの概念は、そこにある諸々の存在が識別不可能ではない、それらを区別することができる、という事実によって場所を定義するものです。しかしこれらの存在がそのようなものであるのは、その場所にあるからでしかありません。それらに実在を与えるのは場所ですが、移動住宅、トレーラーハウスの場合は、それをある空間に移動させても、それが存在する空間の場がどのようなものであっても同じままです。

したがって、こう言ってよければ、わたしはこれは自由主義の問題である以上、これは政治哲学の核心であると考えるのです。わたしは、この対立は異なる政治的諸構想に明らかに結びつけられていると考えます。トレーラーハウス、移動住宅は自由主義的です。なぜなら、「これは良い移動住宅だ、これは悪い移動住宅だ、これは実に趣味がいい」と言いうるためには、それを場所から分離された状態でそれ自体として判断できるのでなければならないからです。

テヴノーと『正当化の理論』を書いたときには、わたしはこのことには気づきませんでしたし、意識していませんでした。しかし今は別の対象について研究しており、このことをよりよく理解しています。すなわち、われわれが解明している能力のモデル、判断のモデル、正義のモデルは、人々の偉大さをその人自身において判断し、よって彼らをその場所から分離して判断するということです。

ですから現実を構成する正当化の世界は、それでもやはり比較的抽象的な世界なのです。それらが具体的な世界であるのは、状況が世界に応じて多かれ少なかれ純粋であるよう構成されるかぎりにおいてです。

丘の家型のモデル、地方型のモデル、コーラ型のモデルは、非・自由主義的なモデルであり、ある意味で自由主義に反して構築されるものです。ですからこれらのモデルは――わたしは、地方型、コーラ型のモデルにおける判断が何に似ているか、あまり考えたことがありません。このような判断、こうしたモデルが何に似ているか、わかりません。しかし結局のところわれわれが解明したこの判断のモデルは、判断される諸存在がやはり彼ら自身において判断されるようなモデルなのです。

――トポスと場所、空間と場所とはちがいますよね。

トポスとは、場所の逆であり、空間であり、場所の反対です。トポスとは、デカルト空間です。あなたはトレーラーハウスを移動させることができます。座標は変わりますが、トレーラーハウスは同じままです。コーラ、地方については、丘や家をとり去ったら、それはもはや同じ家ではありません。家は丘と一体化しているのです。

したがって判断のレベルでは、もちろんそれは大きな差異を生みだします。なぜなら前者の例では、あなたはトレーラーハウスを判断することができるからです。あなたは、「綺麗なトレーラーハウス」あるいは「頑丈だ」「内部に価値がある」と言うことができます。トレーラーハウスには立派な価値があるのですが、その価値はここでもそこでも同じなのです。一方家は、もしそれが丘と一体化しているとしたら、このモデルによって何を判断すればいいのでしょうか。丘を判断するのでしょうか。家を判断するのでしょうか。これは、別の判断のモデルなのです。

正当化とは、むしろトポスのモデルです。ただし事態を複雑にしているのは、さまざまな世界があるように、単にさまざまなシテだけではなく、事物で一杯の、すべてがそろったさまざまな世界があるということなのです。抽象的な世界に住むことはできますが、それはすべてがそろった世界です。こうした世界のうちで、偉大さの試練が行われます。これらの世界は、諸々の状況において現実化されます。ここでも、われわれはある状況にあります。状況はあるいはこの世界として、あるいは別の世界として配置され、設置され、さまざまな世界の事物をもつことがありえます。もしわたしが自分の妻と子供たちの写真をもつとしたら、それはわたしが家庭的世界の事物を望むからです。

——シテとは述語的状態で、トポスのモデルは個物の判断、主語面での出来事、その事物であると考えられます。そして場所は述語的状況にあると考えるのですが・・・・。

状況のなかの世界とはこのようなものです。それはカタログなのです。ここは、試練が存在する状況です。わたしたちが今していることは、ある意味では試練です。状況は、むしろひとつの世界との関連で決定されます。ここには仕事という状況があり、わたしたちは赤ん坊の誕生祝いをしているわけではありません。状況は批判されうるものであり、論争に、あるいは調和したものとなりえます。批判することとは何でしょうか。われわれは、それは「この状況はシテ1に、これこれの正義の原理に準拠しなければならないというのに、実際、現実には、これはシテ2と関連した状況である」と言うことであると考えます。

ひとつ例を挙げましょう。ある教授が、ある学生に試験を受けさせます。大学の中庭でデモがあり、警察が学生たちを殴っています。ひとりの学生がやって来て、「試験をやめて下さい」と言います。われわれはもはや教授としての状況にあるのではなく、仲間たちとの連帯の戦いという状況にあるのです。ですから、これは状況決定の問題です。そこでは、教授は言及原理を変えるのです。もはやそれは効率ではなく、市民の絆です。人間はすべての世界にあることができると言えるでしょうが、事物は違います。もしあなたがあなたの電話機に「ママ、いとしい人、お母さん」と言って口づけしたら、「彼は狂っている」と言われることでしょう。もし詩人であったらそうすることもできるでしょうが、しかし普通はできません。人間たちは、どのようにして状況を批判するのでしょうか。彼らは特に、その状況に別の状況の、別の世界の事物が存在する場合にそれを批判することができます。

別の例を挙げましょう。わたしは従業員で、わたしの雇い主がわたしを解雇するためにおよびつけたとします。しかし彼は、机の上に彼の妻と子供たちの写真を置いています。そこでわたしは彼に、「しかしあなたは父親で、わたしもまた父親です。あなたは、企業の効率のためにわたしを路頭に迷わせるということがわかっているのですか」と言うことができます。よってわたしは、別の世界をもち込むわけです。それが意味するのは、諸々の状況は実に雑多なものであり、そこにはたとえば六つ、七つの世界から到来する事物が存在するということです。これらの状況は、非常に不安定なものとなります。なぜなら、「われわれはどのような状況にあるのか」という問いを投げかけるために、われわれはたえずある事物や別の事物を用いることが可能だからです。ですから、試練も決して安定化されることがありません。ですから、人々の偉大さも決して安定化されることがありません。

試練の作用

それでは今度は、「試練」について話すことにしましょう。試練は、多かれ少なかれ、いわば制度化されたものです。試練は、即自的なものから対自的なものにまで及びえます。ここでわたしたちがしていることは、試練であるとも言えます。わたしはあなたに何かを説明しようと努め、あなたたちは退屈しながらわたしの話を聞く、これは試練であると言えます。しかしこれは、完全に制度化されたものではありません。

たとえば、わたしが採用試験を受けているとしましょう。わたしが言うことをあなたが良いと思うか、あるいはそうでないと思うかに応じて、日本で働くための多額のお金をあなたがわたしに与えるとします。これは、制度化された対自的な試練となるでしょう。ここでは試練の客観性が問題であり、わたしはこのインタヴューの場合は「ああ、これは試練なのだ、彼らはわたしをどう判断するだろう」と言いながら出ていくかもしれません。しかし、もしこれが採用試験だったら、次の事実について全員が同意しているでしょう。それは、わたしが東京に教授の地位をもつか否かという事実がかかった試練なのです。

——試練を、あなたは「対自的」とよぶのですか。

対自的、あるいは制度化されたものです。この場合、たとえば選挙のように、試練はさまざまな年においてもほとんど同じものとなりえます。選挙とは試練であり、異なる投票所がありますが、その形式は毎回ほとんど同じです。重要な制度化された試練がある状況——結婚は重要な試練であり、選挙、採用試験もそうです——では、試練が過度に批判を受けることがないことが重要となります。「この結婚はいんちきな結婚だ、偽の結婚だ、新婦は女物の服を着た男で、それから、いずれにせよそもそも彼らはすでに結婚している」と言われたり、また「選挙はいんちきだ、なぜなら後で投票箱にたくさんの投票用紙を入れるからだ、試練の結果は有効ではない」と言われたらどうなるでしょう。

ですから、批判は脆弱なものであることが重要なのです。そのときあなたは、批判を招かないように、試練をできるだけただひとつの世界において、ただひとつの世界の事物と組み合わせ、試練の状況をただひとつの世界の状況と組み合わせるよう用心するのです。ですから、それはわれわれの理論構成と場所の問題との関係です。場所の問題は重要なものですが、ひとは主体を判断するのであって、この主体が場所ととり結ぶ関係を判断するのではないと考えるのであれば、重要ではなくなります。しかし判断を行う方法、試練を実施する方法は、状況の組織化に非常に依存しているのです。

——状況の組織化は、主語的判断において批判がなされないようにくみたてられるということですね。

ええそうです、試練が多少とも制度化された試練である場合、多少とも公認されたものである場合、ひとはその結果が批判されることがないように努めるものです。批判を招かないように努めるのです。ですから試練は場所としての状況のなかに位置し、この場所がただひとつの世界に対して適切であるよう努めるわけです。こう言ってよければ、わたしは『正当化の理論』のモデル——それはほぼ『資本主義の新たな精神』のモデルでもあります——と、場所ないし地方と空間、地方とトポスの対立の問題とを関係づけようとしたのですが、これがその唯一のつながりなのです。わたしは、次のようなことを言いました。ごく一般的に言って、このモデルはむしろトポスの側にある、なぜならある存在はその環境から分離されたものとして判断されるからである。しかしそれにも関わらず、つながりが存在する——以上はどれも本には書かれていません、こうしたことは考察していませんでした——、諸世界と試練の配置の問題を経由して、場所の問題とのつながりが存在する、と。

場所とシテの関係へ

——日本の北海道の十勝という場所で起こっていることについて話させて下さい。ここでは、多くの事が起こっています。わたしはこの地域、この場所特有の条件をすべて満たすような車を作り出そうという「場所カー」というプロジェクトを企画したことがあります。これまでは、どこでも機能することのできる車があったのに対し、場所カーは、この地方では機能することができますが、よそではできません。土地の条件と結びついた車なわけです。場所から分離したら価値のない車です。場所を偉大化するのですが、それは場所の環境への配慮からです。

帰属的な事物ですね。わたしには、ここ、現在のフランスでは、さまざまな流れがその方向に進んでいるように思われます。それで、たとえばすでにイザベル・ステンゲルスやブリュノ・ラトゥールの周辺では、動物行動学から借りた愛着（attachement）という用語を使っています。これは、レヴィ＝ブリュールの融即（participation）に似たものです。つまりその車は、その場所に特別の愛着をもつということです。この車は、車自体のなかに、この場所の何がしかを保持することになります。もしも車を分離したら、もしも東京に移したら、それはもはや同じ車ではなくなるでしょう。車にはもはや適合性がなくなるのです。ですから、この車を判断したいのであれば、それを場所に帰属した状態で判断しなければなりません。

骨董屋たちは、これを言い表すとても気の利いた表現をもっています。骨董屋の多くは泥棒です。彼らは、泥棒たちから仕入れるのです。しかしこうした泥棒や骨董屋が用いる用語――もうすぐ出版される論文でも、わたしはこのことについて論じました――は、「それは盗むのではなくて、とり出すのだ」というものです。そして「品物はとり出されていたか」と言うのです。「それはもらった、買った、盗んだ」とは言いません。とり出されていないときは、それは一式になっていると言います。たとえば、骨董屋が一度わたしの家に来たとき、彼は綺麗なタンスを見つけました。タンスは少し傷んでおり、家族の品々に囲まれていました。するとこのタンスは、まさに一式になっているのです。とり出され、骨董屋の店に入ったら、それはそこでは商品となります。それはもう、一式になってはいないのです。これは良い例だと思います。それにこの研究院では、テヴノーの周辺の人々が、彼らが「近さ」と呼んでいるものの論理を展開していますが、これも同じようなものだと思います。つまり彼らは、近さの現象がつながりを与え、相互依存を与えることを考察しているのです。というのも、相互依存は相互実存であり、相互同一性だからです。

ところで車に話を戻すと、わたしが関心をもっている問題があります。それは、その価格をどうやって決めるのか、というものです。なぜなら価格を決めるためには、トポスへと回帰しなければならないからです。この車はコーラであり、こう言ってよければ、地方であり、地方の車です。もしそれを地方からとり去って東京に送れば、それはもう何物でもありません。その値段をどうやって決めればよいのでしょうか。『正当化の理論』では、価格の判断は商業世界における機会に応じた商業的判断となります。しかしこうした判断は、その事物の環境からは非常に分離されることになります。どのようにして価格を決めればよいのでしょうか。

——価格を含めた車の性質の正当化は、その場所への帰属によって決定されると理解しています。

よって車はその場所では価格をもつわけですが、しかしそれを東京にもっていけば価格は変わります。これはとても興味深いですね。東京では、より多く、あるいは少なく支払うことになるのでしょうか。

――この車の本質自体から、それを東京で売りたくない、売らないという住民と車との非分離の事実が設定されます。分離すると使用価値ではなく交換価値の商品次元へ転じられてしまう。

ですが、わたしは思考実験をしているのです。もしもこの車を東京で買いたいと思ったら……。

――市場は場所市場という限定されたものでしかないのです。国民市場は市場として想定されません。ですから、思考上としても、売りたくない、売るつもりはないということになります。偉大さをそこで主張している。つまり、もはや〈商品〉ではないのです。場所の「資本」なのです。「商品」と「資本」とは、設計原理が異なるということなのです。場所から切り離されないことが自由主義になるという世界を作ろうとしているんだと思うのですが・・・・。

それはとても興味深い。なぜならプロジェクトによるシテにおいては――この本『資本主義の新たな精神』のすべては、可動性の問題を広く扱っていますが――諸存在の主要な価値は、その移動、可動性の能力となっているからです。それゆえ、諸存在は非常に軽快なものでなければならなくなります。なぜなら、それらは非常に異なる諸々の文脈、世界に適合しうるのでなければならないからです。この本が行った議論のひとつに、次のように考えることによって、搾取の概念をもう一度とりあげるということがあります。多くの異なる差を搾取することが可能であり、搾取の役に立つ所有権という差のみがあるのではない、可動性の差を搾取することが可能であり、そして可動的なものは不動のものを搾取する、と。なぜならその論拠は、こう言ってよければ、一方では、もちろん可動的なものは不動の人々との関連においてのみ可動的であり、もし誰もが可動的であったなら、彼らの運動にはもはや違いはなくなるからであり、他方では、すべてが可動的であることはできない、よって彼らは土台を支える不動の人々がいるゆえに可動的であることができるからです。常に旅行をしている芸術家や建築家を例にとるなら、彼らにもやはりその場で物事を引き受ける秘書がいなければならないのです。

この本は、不動のものの擁護となっています。少なからず、わたしはこの本を友人たちのために書きました。わたしは、フランスの非常な僻地で、非常に自然の残る地域であるロゼールに家をもっています。そこに友人たちがいるのですが、彼らは素晴らしい能力をもった本当に素晴らしい人たちです。しかし彼らを三〇キロばかり移動させたら、彼らはすっかり途方に暮れ、何者でもなくなってしまいます。彼らは、宝物に関する『季刊 iichiko』（国際版）の記事にとても興味をひかれていました。それは日本の北部でのキャンペーンに関するもので、学校の子供たちに彼らがもっている宝物を教えてくれるように頼んだことです。宝物には、これこれのお話を知っている隣のおばさん、これこれの山の日没といったものがありました。なぜなら、これらは完全にコーラに結びつけられた価値、地方に完全に結びついた価値をもった完全にひとそろいとなった事物だからです。

よってこの『資本主義の新しい精神』は、この問題を広く扱っているわけですが、しかしそれはプロジェクトによるシテに関してであって、正当化の形式的モデルに関してではありません。プロジェクトによるシテ、それが引き起こす中心的問題はこのようなものですが、一方家庭的なシテは、地域に非常に深く根を張っていました。プロジェクトによるシテの核心は、諸々のネットワーク内の可動性の評価にあるのです。

――その「宝」はプライベートな宝なのです。ソーシャルな宝ではないのです。ですから、このムーブメントの当初、わたしたちは村おこし、地方の活性化のために、みつけた宝をパッケージするかして、商品化できるだろうと考えていたのです。ところが、「わたしだけの」プライベートな宝が、もっとも宝であり、誰もが否定できないものであるとなってきたのです。市場化／可動化できない。このとき「場所」の非分離の場＝シテがあるとわかりました。ボルタンスキーさんのシテ論理と西田哲学の場所論理を、わたしなりに整理して英語論文で書かねばなりませんね。西田の問題構成で語られえていないものを、今日のお話でよく理解できましたが、わたしにはボルタンスキーさんのシテ論は、述語的場所(predicative place) の種別的な類型表出の理論であるとみえてならないのです。

西田には非常に興味を感じます。それから、もう一言だけ言わせてください。いまわたしは、「いかにして人間を製作するか」ということを、人間の発生を研究しています。わたしは中絶の問題をその入り口にしています。中絶の問題には非常に興味をもっています。こう言ってよければ、この問題はアングロ・サクソンの文学においてはつねにまさしくトポスの用語、自由主義の用語によって扱われています。女性には権利がある、そうすると女性の腹という空間にある何か、このものには権利があるのか、という具合に。

それに対してわたしは、別のタイプの形而上学から出発した方がはるかに興味深いと考えます。わたしはこの形而上学に、母胎の隠喩に基づく概念であるコーラによって、そしてまたミシェル・アンリ (Michel Henry) の身体の現象学によって回帰しようと試みているのです。ミシェル・アンリの現象学をご存知でしょうか、これは非常に重要なものです。よってわたしはこうした道具を元に、出産を理解するための存在論的空間を構築しようと試みているのです。なぜなら、また例を挙げますが、中絶した女性たちのインタヴューにおいては、女性たちは実にしばしば「わたしはとても満足していました、わたしは自分のお腹を触ってみました、自分の乳房が大きくなっていくのがわかりました、しかしわたしはそれを止めてしまいました、なぜなら、中絶することに決めたからです」というようなことを言います。ですから、まるで二つの意志が存在するかのようです。

ひとつはまったく彼女自身から発していた意図であり、コーラとしての彼女たちの身体の意志です。これは繁殖しつつある身体、自己自身から自己をとりだしつつある身体です。そしてもうひとつは、彼女たちのプロジェクト（投企）の意志です。しかしそれは物体としての肉体（corps）ではなく、身体です。なぜなら、肉体はすでに客観化されているのに対し、身体とは欲求するわたしだからです。たとえ意志がわたしの欲求するものを欲求しないとしても、欲求するのはわたしです。身体とは、わたしなのです。身体が欲求するもの、それを欲求するのはわたしなのですが、意志、プロジェクトという審級のレベルでは、欲求することができないのです。

――フーコーの身体論、「欲望の主体化」論をこえていかれる気配を感じます。そのためにも「分離としての身体（主語化された身体）」と「非分離としての述語的身体（場所身体）という西田的な問題構成をぜひ組みこんでいってください。さらに、ソーシャルなものではない、そこにおさまらない「場所＝シテ」の論理を感じますが、西欧はソーシャルな概念に呪縛されています、そこを超えてくだされば と思います。先のご指摘にもあったように、「場所」の統治は政治的な構想にも関わってきます、社会統治の政治設計とは異なります。自由の問題は、可動と不動とが相反共存する述語的場所において考え直されるべきだと思うのです。有の場所は制約的で不動的ですが、相対的無の場所において移行(通道 passage)が配置され、絶対無の場所において、主客分離の自由を超える述語的な場所の政治的構想が考えられると思うのです。そのとき、シテ論を活用することが重要だとわかりました。

〔聞き手：山本哲士。パリにおける国際ミーティングで行われたインタビュー／対話の草稿。この対話は通訳・翻訳が互いに不可能状態になり、仏語・英語・西語を互いに交差させながら、ある了解へたどり着くというとても印象的な対話時間であった。ゆえ、草稿的にまとめたのであるが、シテと場所論との新たな理論次元をわたしは以後開示設定することができた。「絶対無」の説明などは、漫談みたいになって面白かったのを記憶している。ボルタンスキーはEnrissement(2017)をその後「商品」論の根源的な見直しとして論述するが、相反的にわたしは「資本」概念の拡張へと進む。商品・資本を悪だと決めつけるメタ批判理論から脱する肯定的な問題構制開示の対極的配置と考えて、ボルタンスキーから学びつつ現実を常に観ているのだが、現実の試練と存在論的試練でもって真理の試練を超えていく回路を探している。

なお、ボルタンスキーの「notion」は哲学的・抽象的な「概念 concept」でも観念でもない、物的なもの／観念的なものの識別を超えてプラチック次元でプラグマチックに配置されている。とりあえず「概念」としておいたが。〕

人間の行為はどのように正当化されていくのか

道徳判断をめぐる探究の道のり

『正当化の理論』をめぐって
道徳社会学の領域におけるひとつの道筋

Autour de *De la justification* :
un parcours dans le domaine de la sociologie morale

人間行動の規範的次元

『正当化の理論』は、デュルケームとデュルケーム学派がなしてきた「道徳社会学」の基盤を新たに確立しなおそうという、大きなプログラムの一部です。「道徳社会学」が理解すべきことは、社会における諸個人の行為 action の研究において、行い agir の諸理性（分別）と道徳的諸要求を再び組みこむ努力をなすことです。たとえ「理念」にすぎないものであっても、彼らは、そうした分別や要求を採用している、あるいは採用しようとしています。この目的が、もし一九六〇〜八〇年代の社会学の営みから遠ざかっていなかったら、ただ自明のもの、よってありきたりなものと見なされてしまっていたでしょう。社会学の営為は、この時期に最大の科学的正統性へと達していました。それがなされたのは、（示差的な偏差の研究と、偏差の体系的組織化に重点を置く方法論的な構造主義から区別するために）「倫理的」といいうる構造主義――この構造主義は、「人間主義」に対する批判的傾向を持っていたからです――の名においてであり、実証主義的に解釈されたマルクス主義の名においてであり、最も正統な新古典派的プログラムから着想をえた経済主義の名においてであり、より一般的には、自らの源泉を一九世紀の科学万能主義にくみとる社会科学の構想の名においてでした。

多くは偶然的な理由によりますが、行いの道徳的理性を行為の研究に再び加える意図は、しかし困難や反対なしではすまないものです。その理由は、「自然」科学とよばれる諸科学への諸関連における、また政治への諸関連における、社会諸科学の歴史に起因しているからです（というのも政治は最初から、特にフランスにおいては、「進歩主義的」目標と結びついた部分であり、また「唯心論的」「観念論的」といわれた敵対者と対立しつつ、「唯物論」の余勢で形成された「左翼」思想と結びついた部分であったからです）。今日でも、たとえば支配的な社会学（や経済学）の型にはめこまれて教育された学生たちに、道徳の社会学は必ずしも道徳主義にこりかたまった社会学ではないし、そして行いの道徳的分別を行為に組みこむのを重視したからといって、彼らが非常に価値を置いている批判能力（彼らはしばしば、社会学はこれを強化する役割を担っていると考えています）を失うわけではないと、理解させるのはやはり難しいことです。

しかしここでは、行為の問題と批判の問題が中心となるのです。実際のところ、個人や集団の諸々の振る舞い coduites を説明できる隠れた「諸法則」と「諸構造」を特定することのみを目指す実証主義的な社会学は、行為 action の問題を排除する傾向にあります。

この問題を真剣に論じるには、以下の事柄が必然的な前提となります。諸個人が自身の置かれた諸状況 situations において直面せねばならない不確実性 incertitude の部分が存在するのを再認すること、諸個人が、諸利害によってのみ動機づけられた諸戦略を展開することは、不確実性に対応することになると考えることです（それには——戦略分析の支持者たちが常にそうであるわけではまったくないですが——、いずれにせよ、こうした諸利害が構成され再認される仕方のイデアがおおむね理解されていると前提にすること）。あるいは、行いの道徳的諸理性をも考慮することです。

批判は、構築によって、現状の世界とそうあるべきだと判断される世界とのあいだの差を際立たせます。道徳的分別（理性）は批判を支えますし、こうした差が指示され再認され共有される諸機会をもちえているのです。道徳的諸理性の再認を拒むなら、批判はすべての意味を失ってしまいます（ただし、一九世紀初頭以降の革命の伝統の多くに見られた安直さを受け入れるべきではありません。この安直さは、いま・ここの現状の世界における人間諸存在の疎外は非常なるものなので、いわば「単に批判でしかない」批判が許される、と考えているのです。つまり、その規範となる根拠が未知のままで、自分を動かすものの多くを見ていないこの批判の打撃によって、〈革命〉が成就され、現体制が倒された暁にようやく、おのずから明らかになるような批判です[1]。批判的伝統のなかで養成された多くの社会学者は、自分たちは常識の諸幻想に抗し、人々にその行為を命ずる鉄の掟を暴露する能力をもっていると主張します。同時に、あらゆる既存の支配形態からの解放という批判的営為において、自分たちが人々の案内役を務める権利を要求するのです。先に述べた批判の盲目さや、このような頑固さを理解するためには、マルクス主義がもっている最も問題ある緊張のひとつを再分析せねばなりません。マルクス主義には、啓蒙主義から相続した解放の要求と、実証主義から着想をえた科学的万能への意志とが同時に潜んでいるからです。

以上のさまざまな理由から、われわれには、現在の社会科学を二分している、あるいはより一般的に人間科学を二分している最も適切な切断面とは、たとえば社会科学と経済学のあいだを横断できていませんし、あるいは、「社会決定論」に全重点を置く諸学と、それに代わる決定の諸形式（たとえば認知科学のように、生物学的次元に属するもの）を採用する諸学とのあいだを横断できているとは考えられないのです。そうではなく、人間諸行動 comportements の規範的次元を最重要視しようとする研究方法と、その逆に、この次元を別のタイプの構成様式に吸収しようとする研究方法とのあいだを横断していると考えられます(2)。

不正の公的な告発 dénonciation：『幹部』

ここでわれわれは、以下の数頁で、現在も継続されているこのプログラムの概略を示します。『正当化の理論』の主要部分は、一九八四年から八七年のあいだに執筆されました。この著作には、ローラン・テヴノーの「形式の諸投資(3)」investissements de forme に関する仕事と、わたし自身の、不正の「告発」という活動に関する研究、および「事件という形式(4)」forme affair が今日果たしている役割に関する研究、が先立ってあります。「告発」は、はじめ雑誌論文の形で『社会科学研究』誌に掲載された（次いで、『能力としての愛と正義』の第三部として再び出版）ものであり、われわれがかつて企業の管理職たちについてなした研究(5)から生まれた直観から出発したものです。面談で、われわれは彼らを雇用している企業で大きな困難に直面している「管理職」（この場合、多くは「たたき上げの」「中間」幹部）と出会いました。彼らは、「蚊帳の外に置かれ」、自分の「職務」遂行を不可能にする一連の術策によって、（解雇による補償を避けるため）辞職するよう圧力をかけられていたのです。これらの管理職たちは、彼らの心を全面的に占める自分の「事件」について、われわれに語りました。彼らの活動 activité の大部分は、「関係書類」の作成、自分の「主張」の正当性と、自分が「犠牲者」となっている「不正」の実態に関する「証拠」の蓄積、（しばしば仮面をかぶっている）「敵」の特定、職業的文脈の最も些末な機会をとらえてなされたもので、上司や同僚の為した事 faits と仕草 gestes の解釈へと向けられていました。

「管理職」に関する仕事を終えて、われわれは社会生活の通常の諸状況における不正の告発に関する研究をすることで、それらの直観をさら発展させようと試みました。そこで用いられた戦略は、新聞『ル・モンド』がそれまでの三年間に受けとった不正告発の手紙を、資料体として収集することでした（当時の広報部長ブリュノ・フラパは、寛大にもわれわれがこれらの手紙を見ることを許可してくれたのです）。そして、この大部な資料（手紙には書類が添付されたものもあり、書類は最も多いものは四〇頁に及んでいます）を、多様な関係のもとに（われわれは一〇〇を超える変数を抽出し）コード化することでした。因子分析を行うためです。われわれが質問した記者たちによれば、こうした手紙の多くは「頭のおかしい人たち」から来たものとみなされていました。そこでわれわれは、ある人々からなるパネルをもうけ、これらの手紙を読み、その書き手が「正常」か「狂っている」かを、彼らの判断に応じて（一から一〇までの）点数づけるよう求めたのです。次いでわれわれは、これらの点数を因子分析しました。統計データの分析から、われわれは次のような問いに答えを提供できる「規範性 normalité の文法」を作りだします。

不正の公的な告発が、「おかしい」人から来た手紙だと即座にはねつけられるのではなく、受理しうると判断される（とはいえ、必ずしも根拠あるものとしてではなく）ためには、どのように表現されなければならないか、という問いです。この文法によって明らかにされたさまざまな構成要素のうち、二つの側面がとりわけはっきりしていました。

第一の側面は、単数と集合、特殊と一般との対立を強調しているものです。つまり「良い」公的な告発のためには、定められた形式にしたがい、提示された告発を一般性へと上昇させる作業が保たれているのが前提となります。告発は、ある特殊な一個人に特別に結びついたものではなく、ある集合に、さらには「全員にとって」有益なものとして高められねばならないのです。

第二の側面は、告発のさまざまな「行為項 actant」(犠牲者、迫害者、告発者、裁定者)を互いに遠ざける必要性があることが明らかになりました。「異常」と判断された告発は、苦情が的確に一般化されておらず、行為項間に近さがあることがあまりにはっきりと表れたのです(たとえば、犠牲者と告発者が同一人物で、自分自身の家族や近隣に属する迫害者を告発しているような場合です)。これは、手紙の著者が自身の苦情に一般的な性質を与えようとしていること、あるいは他の行為項と近しい関係にあるのをぼかそうとして、首尾の悪い術策にふけっているだけになおさらでした(このことは、「異常」と判断された人々が、「正常」な人々と同じ規範性の感覚を有しているのを示しています。ただ、それを公的に活用する際の制約に準拠するうえで劣っているということです)。

この研究の中心的側面は、近しい諸関係と公的空間との対立です。一般性への上昇というプロセスは、主にこれら二つの空間の一方から他方への移行が考慮されているのです。『正当化の理論』で提出された研究の出発点では、一般性への上昇を可能にする基軸を多元化する努力がなされたのです。（『正当化』では家庭的世界として描写された）近しさの諸関係の世界と、（同じく市民的世界となっている）公的空間の世界は、こうして、相対的に異なる正義の取り決めを有している、多数の世界の一つとなりえたのです。ローラン・テヴノーとの研究の継続（これは、その数年前、通常の生活の営みにおける社会的同一化の手続きに関する実験研究(6)とともに始まっていました）によって、また異なる手法の共有化によって、われわれの社会で作動している正義感覚をモデル化するのを狙ったことで、はるかに一般的な枠組みを構築できるようになったのです。

経験的研究の試練へむけた構築主義

よって『正当化の理論』は、ここに概略を示す道徳社会学のプログラムの中心的位置を占めています。一方では、この著作はそれに先立つ仕事でえられた多くの知識や仮説を統合しています。また一方では、そこに敷衍された分析の枠組みは、それに続く仕事のなかで、たえず新しい域の試練を受けるべき最小限の範列として役立ちました。たえず試練を受けることで、範列はたえず豊かになり、とりわけ変形され続けるのですが、かといって放棄されるわけでもありません（これはいささか、革新的な経済学の潮流が、より現実的な仮説の試練にかけることでたえず修正し変形を加えつつも、新古典派的モデルの核心を保存しようと努める仕方に似ています(7)）。

われわれが準拠した方法は、この点で分析的な構成主義に大きく近づきます。この方法は、たとえばロールズ的手続きと無関係ではありません。相違は、直観とモデル化との関係が、われわれの場合には調査研究によって媒介されている点にあります。直観は実地調査の試練にかけられ、調査の結果自体がモデル化の努力を要請することになります。次にそのモデルは、ひとたび作成されるや、できれば新しい諸域で、再び調査と照合されます。そうすると、たいていの場合、それを修正したり変形したりすることになるのです。この手続きもまた、ある資料体から出発し、それを構成する諸原理を引き出しモデルとして組織するという意味で「文法的」と形容することができます。しかし厳密に構造的な研究方法においてなされる事柄とは異なって、この手続きには、文法の研究を、それとは根本的に異なるデータの証明方法と一致させる意図があるのです。根本的に異なるのは、この方法が、人々の経験と人々がこの経験について行う報告から出発するからです(8)。諸々のやり方のこうした同期化は、むしろ、一方では方法論的構造主義の伝統に、他方では現象学の伝統に根差すものです。同期化は、マクロ社会学的規模に位置する調査（たとえば、『正当化の理論』の〈シテ〉にはマクロレベルで立証される有効性があり、これは制度化の研究の対象となった諸々の試練についても同様です）と、諸状況とプラグマチック分析（状況への参入と、そこに登録された文法的要求の解釈から人々の諸行為が受ける影響を分析する）に焦点を定めた観察とのあいだを往復することによってえられます。

最後に、このようなプログラムは比較研究の方法によって展開するのに適していることを付け加えておきましょう。比較研究という方針はデュルケーム的プログラムを直接に参照しており、人間科学の現在の趨勢とは正反対のものです。人間科学の現在の趨勢は、不変要素の立証と差異の立証との分割を、自然と文化の分離のような区別によって固定化することにあります。この暗黙の分割にしたがうならば、自然へと向かう諸学には、生物学（とりわけ精神の生物学的固定化）に根差した不変要素の研究が帰属することになるでしょう。その反対側、つまり文化へと向かう諸学——つまり、とりわけ人類学と歴史学——には、その残りの目録作成、つまり、主として異なる信仰体系の信奉から生じるであろう、個人や集団間の差異の目録作成という任務が帰属することになるでしょう。自然の次元では、すべてが何処においても同一であり、文化の次元では、すべてが何処においても異なるというわけです。実証主義はこのような区分を非常に含蓄あるものにしましたが、ところで、一世紀以上前に一般社会学と社会人類学が成立したのは、まさしくこの区分に抗してでした。それゆえそれらの企図は、最初から比較研究的なものとして規定されていたのです。一般社会学と人類学は、こうして諸々の実際行為（たとえばデュルケーム派の流れにおいては、供犠、祈祷、交換、親族関係、分類慣行、誓約、犯罪、等々）——なかには似たようなものも認められましたが——が、異なる社会的文脈であっても、異なる様式によって実行されうる方法を目録にすることを自らの主要な任務としたのです。

われわれがここに概略を示しているプログラムの場合、比較研究的努力は、特に行為者間の協調 coordination（あるいは協調の断絶）の諸様式の比較へと向けられていましたし、将来も向けられなければなりません。これらの様式は、諸個人の側からの正当化、称揚や批判の営為を可能とします。このようにして、正義感覚(9)、あるいは規範となる支点に関する比較研究が企てられました。規範となる支点に依拠することで、諸個人は自分の批判や正当化に根拠を与えることができるのです。これらの研究の力点は、諸個人が行う諸操作、状況が与えるプラグマチックな諸資源、それ自体歴史に依存する、異なる政体の様式と呼びうるものと諸個人との諸関係、これらを関連づけることに置かれています。かくして、たとえば、フランス、ドイツやアメリカ社会のように比較的類似した社会で採集されるデータを重視することで、〈シテ〉のモデルの構造のさまざまなヴァリアントを記述できます。比較作業は、われわれの社会で採集されたデータによって立証されたモデル化から出発します。とはいえわれわれは、こうしたモデルがそのままで普遍的な有効性をもつと考えているわけではありません。ましてや、われわれの社会が普遍主義にとりわけ適していると考えてもいません。もちろん、他の社会において採集されたデータによって立証されたモデルから出発する比較を企てることも、以下の条件でまったく同様に妥当でしょう。つまりモデルの構築が、(a)解釈の対象となりうる正義感覚として記述しうるものが、あらゆる社会に存在する、(b)正義感覚が活用される状況の記述をもとに、一貫性と安定性の要請を満たしうるモデルを構築することが可能となるほど、この感覚がある程度一般的で永続的な性質をもっている、という二つの公理を満たす限りにおいてです。これらの公理は、比較言語学が採用している公理に近いものです。次のように言うことで、この類比を押し進めることもできます。正義感覚の存在は、（権能力 puissance の秩序にあるような）話す parler 能力と比較しうるでしょう。この能力を個々の社会で可能にしている方法のモデル化は、それぞれ、ある言語《ラング》 langue と同一視しうる（それゆえ、潜在性 potentialité に属する）でしょう。そして、個々のプラグマチック状況 conditions pragmatiques おいて捉えられるこの正義感覚 sens de la justice の諸表現は、（行為態 actes の位置にある）言葉 paroles の場所 place を占めるでしょう[10]。

われわれはここで、『正当化の理論』で整理された〈シテ〉と世界のモデルを出発点としつつ、文法の構築という研究がいかに行われたかを手短に振り返ることにします。

この研究は、正当化が必要となりがちな状況（一言で言えば、公的な状況）における批判と正当化のシークエンスを記述するために行われました。道徳に関わる行為を加え拡大された文法は、諸々の状況のより広範なスペクトルを記述することが可能となったのです。この研究は、『正当化』――この著作が一般社会学を確立する基盤として役立つなどと主張することはできません――で提出されたモデルの妥当性を、このモデルをより広い枠組みに適用することで検証したものです。そうすることで、モデルの限界を確定し、また場合によっては、これを修正することとなりました。

正義における論争からアガペーにおける平和へ：『能力としての愛と正義』

第一の拡大(11)は、諸状況を探求することでした。より正確に言うなら、暴力の可能性はもちろん、論争の可能性が遠ざけられる際の、人間諸個人間の相互行為の状況です（少なくとも比喩という形で、このタイプの状況は動物との関係や、芸術作品のような事物との関係に拡張できるのですが(12)）。状況的諸装置において暗黙のうちに登録されている「同等化の諸様式」に対する共通同意から、そこにいわば受動的に、平和が結果します。論争や暴力を遠ざけるこの可能性は――『正当化』におけるように――、西洋政治哲学のおきまりの表現にではなく、キリスト教神学における中心的対立である、愛と正義の対立に依拠することによってモデル化されました。アガペー（またはこの語のラテン語訳である慈愛〔カリタス〕）という意味での愛は、まさしく――ある状況において、一定期間――同等性を遠ざけるゆえに正義と対立するのです（論争は、さまざまな人々の多大な負担や既得権を過去に遡って計算することで公正な関係の修復を目指しますが、このような論争の可能性が排除されます）。この概念の神学的起源と距離を置きつつ（特に、世界の社会学的記述にはほとんどなじまない神への関係を捨象しつつ）、われわれはこの概念がいかに社会生活の通常の諸状況を説明しうるかを示そうとしました。非常に短いものでありうるシークエンスのあいだに、人々は計算ぬきで、したがって正義に準拠することなく、自分たちの関係を調整するのです。すなわち、彼らの環境に登録されている同等性を活性化しうるものすべてを、自分たちの関心領域から遠ざけることによってなすのです。

この相互行為の様式をモデル化することによって、贈り物への嗜好のようないくつかの特徴を引き出すことができました。すなわち、来るべき対抗贈与を捨象するような贈与の可能性、あるいはまた、それを報告や調書の言葉に再翻訳し、過去に遡った返済を提示することの困難さです（このことは、たとえば、「ほら、君には損得勘定ぬきで与えよう」といった表現を吟味すれば理解されます。この表現は、計算の可能性を想起させることで、即座にアガペーの体制から離脱させるのです）。したがってわれわれは、このタイプの相互行為のレジームと、別のレジーム――特に正義のレジーム――とが交替する諸モメントを、分析の中心とすることができました。メタ言語によってアガペーのレジームを記述し直しつつ、このレジームのうちに留まることはほとんど不可能である以上、主にこうした傾きの諸モメントを起点とすることで、相互行為やこの様式で行われる調整を把握することが可能となるわけです。

アガペーのレジームを構築することには、二つの目的がありました。まず、『正当化』で示された正義感覚モデルの使用を制限するという目的です。このモデルには、暗黙のうちに、あらゆる人間諸関係がその正義の方針を参照することで記述されうるかのように見なしているところがあったのです。また、つまり少なくとも潜在的には、あらゆる人間関係には論争が潜んでいる、あるいはこれを地平としているかのように見なしているところがありました。しかし結局のところ、正義の要求が優位を占める傾向をもつのは、非常に特殊な状況においてのみなのです。しかもそれは、行為の通常の流れの中断と対になっています。第二の目的は、「実際行為 pratique」の問題を新たに検討することでした――古典的な記述は、アガペーのレジームにも見られるいくつかの特徴、特に過去に遡った明細を作るべく諸行為を積算しないという要求を強調しています――しかしこの問題を新たに検討するにあたって、「幻想」や「自己欺瞞」の理論を経由することはしていません。つまり、どう見ても計算が働いていない局面が、あたかも実際は「無意識的な」計算様式の支配下にあるかのごとく考え、諸個人が相互にそして自分自身と、偽りの「無償性」という欺瞞的な幻想の関係を結んでいると見なさないことです。たしかに、諸個人間の相互行為の記述が、計算への参照なしですむことはほとんどありません。しかしこの否定しがたい事実は、アガペーのモデル化においては、「幻想」の理論によってではなく、行為のシークエンスという概念 conception によって論じられのです。行為はそこで、可変的な持続時間を有するシークエンスにおいて展開するものとして記述されます。こうしたシークエンスには相異なる相互行為の様式が潜んでおり、それらを総計することは不可能です。なぜなら、これらのシークエンスを同等に扱う手段が存在しないからです。あるいは、こう言った方がよければ、それらすべてをある統一された関連において復元することを可能にするメタ言語が存在しないからです（調書の必要性という点から再検討されるとき、アガペーの局面はその独自の特徴を失います。しかし、これはアガペーの局面が実現される際も現実の領域に記入されないという意味ではありません）。

遠く隔たった「不幸な人々」の苦しみを：『遠くの苦しみ』

『正当化』で提出されたモデルは、特に政治の舞台での正義の要求を目指した論争の状況を記述するのに適しています。政治の舞台で戦いが行われるあいだ、人々は向かい合って批判と正当化を交わし、試練を受けます。『遠くの苦しみ』で提出された仕事は、このようなモデルを、現代のメディア（特にテレビ）が非常に頻繁な、日常的なものとさえした、別のタイプの状況に対して適用することを狙ったものでした。

こうした状況には、二つの主要な特徴が見られます。

第一の特徴は、ある被害に苦しむ人の状況とが、ある個人、ある集団に降りかかる事柄を（テレビの場合、視覚によって）知る者――前者の不幸を、後者が見せられる――の状況との距離という特徴です。この距離は、多くの場合は克服しがたいものです。この距離はあまりに大きいので、後者は知らされた事柄の実態を直接的な証拠によって確かめることもできず、媒介なしでは、その状況――多くは、痛ましいものですが――を描写された人たちの境遇を変えるべく介入することもできません。

第二の特徴は、まさに――日常言語のプラグマチックなものが言う――「論点 point」が、正義に直接関わるのではなく、苦しみを強調していることにあります（たとえば、飢饉で死んでゆく人々が味わう苦しみ）。それは、苦しむ人々に降りかかっていることが正当か正当ではないかと問うことが、完全に場違いとなるような苦しみです。とはいえ、苦しむ人に対して直接に慈善行為を行う関与が距離によって不可能であるからといって、「アガペーとしての」愛の領域に送り返されるわけでもありません。

われわれは、次には愛の領域ではなく、「憐憫 pitié」の領域を正義の要求との緊張関係に置くことで、このようなタイプの状況を記述しようと試みました。われわれは、ハンナ・アーレントに依拠しつつ、アーレントの意味での「憐憫」が（その記述が社会心理学にのみ帰属するような）単なる「感情 sentiment」であるどころか、一八世紀以降の民主主義社会において、世界との政治的関係の根本要素となっていることを示しました（ハンナ・アーレントは、「憐憫の政治」についてそう語っています(13)。この関係は、幸福な人々に不幸な人々の状態を提示することにあります。よってわれわれの論拠は、この意味で、現代のメディアによって創始されたプラグマチックな状況は、一八世紀後半に確立された可能性を強化し劇的なものにすることでしかない、ということになります。

遠くから他者の苦しみを見つめる者に生じる主な問題は、行為の問題です。苦しむ者のための行為が不可能であるのにその苦しみを見せ物にすることは、倒錯的なのぞき見主義として容易に告発されうるものです。しかし、遠くに位置し、働きかけの直接的可能性を欠いているとき、見る者は不幸な人の周囲に大義が形成されるよう他の当事者を動員しようと試みることによってのみ、行為へと向かうことができます。そのためには、他の者たちと連絡をとり、単に自分が見たこと（事実的側面としての、たとえば絞首刑にされる人）だけではなく、その光景を目にした際の心の動揺をも彼らに伝えねばなりません。動員へと導く政治的調整は、よってこの場合、動揺の伝達に多くを依存しています。われわれは、こうした伝達を確立するためには、よって大義のために動員をかけるためには、限られた数の形式、あるいはこう言った方がよければ、限られた数の慣用句しか存在しないことを示そうとしました。これらは、一八世紀以降に確立されたものなのです。われわれはこれらの形式と慣用句を、そしてそれらが形成される場となった文学ジャンルを記述しようと試みました。（憐憫の政治の出現と、これを記述するための分析装置の出現を同時に証言するものとしての）アダム・スミスの『道徳感情論[14]』に依拠することで、そしてまたジャン＝ジャック・ルソーの著作からいくつかの要素を借りることによってです。こうしてわれわれは、（攻撃文書〔風刺文 pamphlet〕という特権的な表現様式をもつ）憤慨のトピックと、（小説のなかで展開される）感情のトピックを対立させたのです。前者においては、心の動揺は迫害者の特定および告発へと向かいます。後者には、慈善者による、苦しむ者のための介入が喚起する感動が潜んでいます。そして最後にわれわれは、一九世紀において――特にボードレールとニーチェにおいて――、他者の苦しみに対する関係のこれら二様式への批判が、いかにして第三の類型表現《トピック》――美学的トピック――を惹起したかを示しました。この第三の類型表現は、憤慨も慈善心も放棄し、苦しみの崇高なる偉大さ、その美しさを強調するのです。

われわれにとってこの研究には、『正当化』で敷衍された正義感覚モデルとは別の選択肢を分析する既述の理論的関心に加え、もうひとつの理論的関心がありました。それは、歴史的な研究方法、そしてある程度までは構造的な研究方法（なぜなら、憐れみを述べるための慣用句は精確な構文規則を満たさねばならず、有限であり、相互の対立によって定義されるからです）と、次のような状況の分析に中心を置く、プラグマチックな研究方法を結びつけることでした。現代においては、目撃者は遠く隔たった苦しみに直面し、しかもこれに働きかけることができないという状況です（ただし逆説的にも、この無力な状況は、大義のための政治的動員の形成に特に有利であるように見えます）。われわれは、とくにこのようなプラグマチックな状況を対象とし『遠くの苦しみ』の第二部で、現代社会における（とくに、迫害者、慈善者、被害者を特定する困難という特徴をもつ）憐憫の危機を分析し、またある実験実施要領に基づいた経験的研究を行いました。この経験的研究によって、遠くに位置する人々の苦しみとの直面が引き起こす、さまざまな種類の正当な感情が発露する際のプラグマチックな諸条件を明確にすることができたのです(15)。

規範変化の動態学：『資本主義の新たな精神』

エヴ・シャペロとの共著『資本主義の新たな精神』は、正義に代わる道徳的行為の領域調査を脇に置いて、『正当化』で展開された正義感覚モデルが提起した理論的諸問題をより直接的に再検討しています。より正確に言えば、われわれは先の著作（『正当化』）が喚起した三つの批判から出発しました。これらの批判は、その一部は不当なものではありましたが、真剣に考慮するに充分な重要性を有していると思われたのです。

第一の批判は、結局、『正当化』がミクロ社会学――相互諸行為の諸状況の記述――にしか関係せず、行為のマクロ社会学的ないし社会状態的文脈を無視していると非難するものでした。第二の批判は、『正当化』の力点が（しばしば妥協の成立という結果に終わる）正当性を目指す論争に置かれ、社会的行為の非正当的諸次元や、力の、さらには暴力の諸関連を無視ないし過小評価していると憤慨するものでした。

最後に第三の批判は『正当化』において提示されたモデルの非歴史的性格を強調するものです。この批判は、ベルナール・ルプティ(16)によって、とくに練りあげられた形で表明されました。彼によれば、『正当化』で作動している時間性は、歴史学者たちが扱い慣れている歴史的時間性と出会うにはあまりに長すぎ、かつあまりに漠然としている（西洋の歴史）か、あまりにも短い（特定の状況で相互行為が展開される時間）かのどちらかであると言うのです。特に標的とされたのは、『正当化』においては、さまざまな〈シテ〉が歴史上非常に隔たった時代に書かれた政治哲学文献（アウグスティヌスからサン゠シモンまで）と結びつけられながら、この時間的差違を考慮することなく並置され、「水平に」描かれうるものとなっている事実です。最後に、これは的確な指摘ですが、この著作は〈シテ〉を（超越論的なものとしてではなく）歴史的存在として提示しておきながら、その出現様式、場合によっては消滅様式については何も語っていないとして非難されたのです。

『資本主義の新たな精神』は、この最後の批判に正面からとり組んでいます。というのも、その主要な目的は、ある新しい〈シテ〉――われわれが「プロジェクトによる〈シテ〉」とよんだもの――がこの三〇年のあいだに確立された仕方を記述することにあるからです。この過程では、『正当化』で記述された〈シテ〉のひとつである家庭的〈シテ〉が非常な衰退、さらにはほとんど消滅をともなっていることです。しかし『資本主義の新たな精神』は、大部分は最近のマネージメント文献の綿密な調査からなるデータの資料体に、『正当化』で提示された〈シテ〉と世界の解読格子を適用し、プロジェクトによる〈シテ〉の構造を記述しているのですが、それだけでは満足していません。また『資本主義の新たな精神』は、新たな規範的支点が確立される仕方を理解可能にする、ひとつのモデルを提案しようとしています。それゆえ『資本主義の新たな精神』は、『正当化』との関係で言えば、静態の理論化に対する、動態分析の地位を占めます。『資本主義の新たな精神』において提出された規範変動のモデルは、（トーマス・クーンが『科学革命の構造(17)』で示した有名なモデルといささか似た仕方で）変化 changement の諸形態に力点を置いています。その際、たとえそれが特定の傾向を示すとしても、（ポパーが批判する意味での）「歴史の法則」を証明しようとはしていないし、分析された変化の諸原因を発見すると主張することすらしていません（たとえば、もしわれわれがプロジェクトによる〈シテ〉の形成を通信手段の発達や貿易の拡大によって「説明する」ことを試みていたら、そうなっていたでしょう）。この変化モデルの構築はまた、すでに言及した最初の二つの批判（社会状態的水準の無視と力諸関連の過小評価）に答える機会でもあり、また同時に、『正当化』で示されたモデルをいくつかの重要な面で修正する機会でもありました。この試みはまた、理論面においては、「力」と「力の諸関連」に全力点を置く諸概念と、概して道徳的諸関係、法的諸原理、政治哲学に本質的な力点を置く諸概念という、二つの見解のあいだの傾きを避けるのを狙っていました。この傾きは、この三〇年間にフランスで発展したような社会学と社会哲学の場合には、とりわけ著しいものなのです。

われわれは、力および力の諸関連のタームからの記述と、道徳的、法的諸関係のタームからの記述が、いかにして同じひとつの動態モデルのうちに統合されうるかを示そうとしました――このモデルは、これら二つの様相のむしろどちらかが作動していた、諸々の時代の継起を含むのです。それには、社会行為を組織化する二つの対立する大建築術のあいだで、いかなる配合が可能かを分析することが前提となりました。〈シテ〉のモデルは第一の建築術に依拠しますが、この建築術は、二つの水準からなる形而上学として記述することができます。

第一の水準には、(それが人間であれ事物であれ)特殊なものが位置します。第二の水準には、これら特殊なものをある諸関連や同等性の諸階級によって比較し結合することを可能にする規約が位置します。二つの水準からなるこの形而上学は、カテゴリー化の諸プロセスを理解するために必要です。第二の建築術は、流れが循環するネットワークからなるただひとつの水準（ドゥルーズの用語では「内在の平面」）しかもたない形而上学として定義できます。この第二の形而上学によって記述可能となる主要な操作は、カテゴリー化ではなく転移 deplacement です。カテゴリー化は、（しばしば討論や論争のあいだの）言語での規定作業による移行を前提し、即座に公的な性格を帯びるのです。それに対し、転移はかなりの程度までは言語のエコノミーにおいて、より一般的には、少なくともその初期には、討議的反省性としてなされるのです。

　変化モデルの動態学は、その大部分が、当初『正当化』で提示された試練の概念 notion の再検討に依拠しています。『資本主義の新たな精神』では、われわれは、あらゆる試練がそれ自体としては力の試練であると考えましたが、しかし試練はある限定（大まかに言えば、『正当化の理論』で提出された諸制約）に従うときに正統と見なされると考えています。こうしてさまざまな試練が、その程度に応じ、ひとつの連続体の上に序列化（秩序化）されます。すなわち、これらの試練が正統である程度、あるいはまたそれらが制度化の作業の対象となった程度、そしてそれらの実施が管理される程度に応じてです。しかも多くの場合、制度化された試練の概念を介することによって、ミクロ社会の水準とマクロ社会の水準との関係を理解できます。制度化された試練は個別の条件において具現化され、人々を固有のプラグマチックな条件に従わせるのです。しかし、こうした試練を、制度化の対象となったその形式の水準において捉えるならば、試練はマクロ社会的性格を帯びることになります。その結果、ある「社会」を、まさにそうした制度化と管理の作業の対象となった試練の性質によって定義するのが可能になるほどなのです。

　正統であると判断されるために試練が満たさなければならない仕様のうち最も重要なものは、試練が対象とするものが明確にされている、ということです（試練は何かあるものの試練でなければならず、不定の試練それ自体、あるいはありとあらゆる点で試練それ自体であってはなりません）。このような種別化はまた、力の試練、より一般的には「力」への言及によって理解させるものを理解させてくれます。力に準拠するといっても、即自に位置づけられるような——つまり、質化 qualification 作業の外部にあり、この作業を免れるような——一般的等価物という便利な手段がわれわれに再び与えられるわけではないのです。力というタームは、ここでは、人々が自己の権限外の効果を狙おうと欲する際、彼らがこの言葉に与える意味で理解されています。「力」は、それゆえひとつの残余 reste です。このことから、種別化された諸能力が遠ざけられたり不十分であると判断された場合に、ある効果を説明することが可能となるのです。

このモデルの動態学は、次のようなものです。特に重要であると判断されたために管理の対象となっている、ある数の制度化された試練があるとしましょう（とりわけ、人気のある地位の獲得を管理する選抜試験）。こうした試練の進行は、その重要性ゆえに、とくに批判に晒されます。この批判の本質は、ある人々——試練は、彼らにとって有利なものでした——が、その試練の定義には含まれない「力」（これは完全に明確にされないこともありえます）を用いたという事実を暴くことにあります。それゆえその要求は、より厳密な管理の要求となるのです。すなわち、試練の定義に無関係な力をもちこむ（たとえば、ラテン語の試験で優位に立つために自分の立派な風貌を利用したり、あるいはまた、選挙に勝つために親戚関係を当てにする）可能性を排除しつつ、試練をより「純粋な」ものとするのを目指す管理の要求です。このような要求は、ある程度までは、多かれ少なかれ聞き入れられる可能性が高いといえます。なぜなら権威ある地位を占める者たちは、自身の固有な正統性légitimitéを、彼らの偉大さを裏づけた試練の非の打ち所のなさに負っているからです。試練はまた、ひとたび浄化されるや、より「張りつめた」ものとなります。しかしこの運動は、その構造上終わりがないことが理解されるでしょう。人々が諸関連の多元性において存在する一方で、試練があるひとつの特権的関連によって定義される以上、多かれ少なかれ異質な諸行為の諸原理の多元性が試練にもちこまれる可能性を完全に排除することは不可能なのです。

ある時点で、(外因性の理由により)これら諸批判の水準と、批判が対象とする諸試練の脅威が増大します(これは、『資本主義の新たな精神』が対象としている、たとえば一九六五年から七五年にかけての歴史的事例において生じたことです)。諸々の試練に対する浄化と管理の運動も、その余波で、同様に増加する傾向があります(そして社会的世界も、より「公正に」なる傾向があるのです)。こうした運動は、諸試練の激しい再カテゴリー化、とくに法的な再カテゴリー化の作業と共に進行します。しかし、たとえ批判が弱まらなくとも、一方では試練の管理費が非常に高額化し、他方では、多様な能力をもつ人々が、彼らにとってはあまりにも高価なものとなった試練を捨て、新しい利益の道を探すモメントが訪れるのです。その時そうした人々は、制度化された諸カテゴリーに関わる質化の論理を後にし、転移の論理に参入します。これは、多かれ少なかれさまよいつつ、あるいは試行錯誤しつつ、ネットワークの疎通路をたどることによって行われます。彼らが成功するにせよ失敗するにせよ、転移の局面には、いずれは新しい反省性の運動が続きます。それは、なぜ自分は失敗したのか、そして何よりも、成功した場合には、なぜ自分は成功したのかを理解し、成功が変わることなく継続されうるようにするためです。新しい種類の同等性の原理を尊重する新しい試練の実施、新しいとり決めの確立という作業が新たに開始されるのは、この第三の局面においてです。そして、正統な行為を定義するこうした新しい手段のうちに自己を見出す者たちの数と彼ら同士の協調が充分なものであるとき、新たな「シテ」の輪郭が浮かびあがるのです。

この変化モデルは、一九六〇年から九〇年にかけての資本主義の働きに作用した非常に重要な変化を考慮するために構築されたものであり、次の三者を関連づける舞台装置におおむね依拠しています。すなわち、（社会的批判と芸術家的批判という二つの本質的様相における）批判、資本主義、そしてマックス・ヴェーバーの定式化を継承しつつ、われわれが資本主義の精神と呼んだもの（つまり、資本主義が自己限定し自己正統化するために諸々の〈シテ〉から借りなければならない、特に正義に関わる要素）です。この変化モデルは、より一般的な応用の対象となりうるものでなければなりませんが、それには他の歴史的諸状況の試練を受けることが前提になります。

社会的諸配置における矛盾の場所：『胎児の条件』

われわれの仕事は、この三年のあいだに新たな域へと転移されました。しかしそれも、先にその諸段階について述べた、道徳社会学のプログラムの理論的枠組みを発展させる意図に基づいてのことです。今回採用された域は、慣習的に生命の領域とよばれているもの、特に生殖、妊娠、出産の状況に作用した諸変化の域でした[18]。実際われわれには、二〇世紀の最後の三分の一に生じた最大の変化のうちのいくつかを観察できるのは――先の著作でとりくんだ資本主義の諸変化に加えて――、この領域であると考えられたのです。しかし、医療補助生殖（現在まで一度も実行されていないにもかかわらず、すでに多数の著作の対象となっている人間のクローン化については言うまでもありません）に作用したような、最も人目を引く変化に注目した大部分の観察者とは異なって、われわれは中絶の問題と一九世紀におけるその罰則化、次いで一九七〇年代における合法化の問題を対象にとりあげました。この対象は、いくつかの理由で、われわれにはとりわけ関心に値すると思われたのです。

第一に、中絶の禁止は子宮内の生命に関する研究への障害となっていましたが、もしもこの障害がとり除かれていなかったら、生物工学と医療補助生殖の発達は著しい困難に遭遇していたはずだからです。第二に、少なくともフランスでは、この主題に関する研究がほぼ完全に不在だったためです（中絶に関する激しい論争が多数の研究――大部分は攻撃的なものですが――を生んだ米国では、状況は異なります）。このような不在は、われわれには、探求に値するある困難を指し示すものと思われました。最後に、何よりも中絶の問題は、生殖に関するより一般的な問いを立てるための有望な入り口と思われたためです。

この長らく無視されてきた領域は、最近になって人類学のいくつかの重要な研究の対象となっています。これらの研究は、この学科へのますます多くの女性の参入と、ジェンダー研究の影響力に刺激されたものです。しかしこれと比較すれば、(人口の調整と、「世代交替」を可能にする限りでの生殖を対象とした)人口学的発想による問題構制が支配的なままの社会学においては、この領域にはほとんど発展がないままなのです。

人口学的アプローチとは正反対に、われわれは、とくに象徴作用に属する、人間存在を生み出すために確保すべき条件とは何かという問いに関心をもちました。とりわけわれわれは、諸々の特異なアイデンティティの確立が提起する問題に注目したのです。「アイデンティティ」の問題構制に関しては、社会学は伝統的に、集団への準拠によって定義される「社会的アイデンティティ」形成の研究に専念してきました。そうすることで社会学は、われわれの考えでは、特異なアイデンティティの形成という先決問題を無視してきたのです。実際、人間存在が特異化されていない社会など存在しません(しかもこのことは、むしろ「全体論的な」社会である、あるいはむしろ「個人主義的な」社会であるという、その社会の性格とは無関係です)。ところでわれわれには、特異なアイデンティティの形成もまた、社会生活の坩堝のなかで生じる過程であると見なされるべきに思われました。

われわれの戦略は、とりわけ生殖の文法を素描することでした。一方では人類学と歴史学から借用されたデータから、他方では、フランスの現代社会に属する女性たちへの、生殖と中絶に関する面接調査で収集されたデータからなる資料体に依拠することによってです。生殖の文法を素描するとは、つまり、次のような存在が生み出されるために満たされねばならない諸制約を抽出することです。すなわち、諸々の種別化のなかでもとくに、特異化されうる存在、よって生者あるいは死者の世界に場所を占めうる存在です。『正当化の理論』において示された分析枠組みとの関連で、そして社会学理論の面で、四つの問いにとくにわれわれは注意をむけました。

第一の問いは、他でもない、特異なアイデンティティの形成と、『正当化の理論』で示された〈シテ〉と世界のモデルとの関係に関わることです。実際われわれは、この著作において、ある問いを立てるのを怠ったように思われたのです――しかしながらこの問いは、分析枠組みの一貫性を保証するためには、絶対的に必要なものでした。それは、さまざまな世界を通過する人間存在という（クリプキの意味での(19)）固定指示子はいかにして作りだされるのか、という問いです。『正当化の理論』の枠組みは、実際、人間存在は他の存在とは異なりすべての可能な諸世界に現れうる、と想定しています。同一の個人が次々と異なる世界に入りこむとき、それでもこの個人を身体をもった個別者として再認しうることを理解するには、次のいずれかの方法があります。

ひとつは、人間存在は、ある世界から別の世界へと移行することで、根本的にそのアイデンティティを変化させると考える方法です。このとき、諸世界間の緊張は消滅し、そしてそれと共に正義感覚に必要不可欠な要請（特に、批判の可能性そのもの）が消滅することになります。というのも、人間存在はいま・ここにいる世界のうちでしか同一化されえないからです。もうひとつは、人間存在には固定的な識別形態が与えられているとみなすことが必要だ、というものです。よって特異化は、われわれには単に（ある共通点に基づく同等関係を強調する慣習に依拠した）帰属クラスの多元化を可能にするものとしてだけではなく、人間がさまざまな〈シテ〉に対応する世界間を移動する可能性に意味を与えるために満たされねばならない条件であると考えられたのです。異なる文脈や世界において行動するたび、あるいはある共通点に基づき他者たちと同等化されるとき、当の存在は、もしも特異化されていなかったら、まったく別の者と見なされるでしょうし、諸世界間においても、さらに時間においても、その連続性を保証するものは何もないとされてしまうでしょう。

ここ数年のあいだに行われた研究には、『正当化の理論』で提示された〈シテ〉の公理系において中心的な役割を果たしながらも、この著作では明白に述べられなかった、共通の人間性という観念を解明するという別の目的もありました。分析の細部に立ち入ることなく――そうすれば、この論文のためにわれわれに与えられたスペースを大幅に越えてしまいます――、ただ次のようにだけ言っておきます。生殖の文法を構築することで、この概念をよりうまく展開することが可能となり、特にそれが次の二原理のあいだの緊張関係のうちにある仕方を分析するのが可能となった――とわれわれは考えます。すなわち、一方では特異化の原理、他方では、人間の代替可能性と、制度的にあらかじめ定義された諸地位への入れ替えをある程度まで可能にする、同等性のとり決めの原理です。

同様にわれわれは、生殖と中絶に関する完了したばかりの研究のなかで、以前よりも組織的に、三つの異なるアプローチを収斂させることにとりかかりました。これらは、しばしば相互理解の困難な、いくつかの知的伝統と結びついたものです。

第一のアプローチは、文法的と形容できるアプローチです。このアプローチの本質は、ある資料体から採取された事実を検討し、これを組織することにあります。事実が――それを矛盾なしに余すところなく包含しうるような――ある論理にしたがって相関的に配置されうるモデルを作成するためです。これは、いささか言語学が関与的特徴を決定するために用いる方法に似ています。対象に対して外的な立場をとる、あるいはこう言った方がよければ、客観主義的な性格を有するこのようなアプローチは、現象について自問しようとはしないことです。

つまり、モデルによって秩序だった表現を与えられた事実と関係を結ぶときに、人々がその世界を試験する方法について自問はしない。われわれがこの研究で敷衍しようとした第二のアプローチは、まさしくそうした人々の経験から再出発することにありました。人々が感じとる仕方、（われわれが取り組む事例については）人々がその肉体のうちで感じとる仕方そのものとして記述し、諸要素と、モデルに包含された行為の諸規定との一致を記述することです。

しかしわれわれは、構造的なタイプの手続きにおいてしばしばそうであるように、文法的アプローチによってもたらされた教えと、経験から出発するアプローチによってもたらされた教えとのへだたりを強調することはしませんでした。われわれは逆に、これらの二つのアプローチがいかにして収斂しうるか、さらには、経験——これは別の言語で記述されるものでありますが——から出発して、文法的アプローチが関与性を示した要素を再発見することがいかにして可能であるかを示そうと努めたのです[20]。

最後に、第三のアプローチは歴史的な性格（あるいは、形而上学的な意味を含みすぎるきらいがあるのですが、出来事としての性格と言った方が良いかもしれません）をもつことです。このアプローチは、さまざまな——語の非常に広い意味での——歴史的文脈において、人類学的性格をもつと考えられる諸制約が異なった仕方で現れ、よってそれに従う人々の諸行為に異なった影響をどのように与えたかを重視します。それが重視されるのは、その多くが外因性として扱いうる要因との関連においてです。外因性とはつまり、経済学的に言えば、人々がモデルに包含される要素と結びうる関連には、これらの要素を根本的に変化させることなく影響する外部性が現れるということです。

最後に、われわれがとり組んだ対象の特性そのもののため——われわれには、生殖の文法には、いわば中絶によって暴露され、それゆえ迂回、あるいはぼかされなければならない、乗り越えがたい矛盾が潜んでいると思われました——、われわれは、社会生活の道徳的構成要素を包含する諸配置のなかで矛盾が帯びる重要性を認め、それに直面せざるをえなくなったのです。矛盾が生起するのを目にするには、実際、フロイトが認めていたように、ただ現実——現にあるもの——に対してだけでなく、そうあらねばならぬことと、そうでないのが好ましいこと、つまり善いことと悪いことに対する、差し迫った感覚を行為者に与えなければならないのです（行為者がもっぱら利害と戦略的能力だけを与えられている世界では、不確実性の状況の場合も含めて、たしかに選択肢が行為者に対して現れます。しかし、こうした選択肢が矛盾やジレンマという形態をとることは決してないでしょう）。

ところで、たとえば、一九三〇〜五〇年代のアメリカの社会心理学（特にレオン・フェスティンガーの研究(21)）に続いて、社会学ではアーヴィング・ゴッフマンの業績(22)が、人類学ではクロード・レヴィ＝ストロース(23)の業績がすでに示していますが、社会のなかの人間存在にとって、矛盾は耐え難い性質を呈するのです（おそらくそれは、矛盾が行為を抑制し、一切の協調の可能性を妨げることで、暴力へと行き着くからでしょう）。その結果、一般にイデオロギーと結びついた多くの社会的装置は、それが特定の矛盾の還元に果たす役割を分析されるとき、独特の奥行きを見せます。社会的装置は、こうした矛盾を解消する力を欠くものの、少なくともそれを緩和あるいは隠蔽できます。しかし、われわれの研究分野を構成するもの――複合社会における正義感覚と道徳感覚――から出発する以上、われわれは善の問題を考慮する諸装置と、むしろ悪のさまざまな表出の考慮を指向する諸装置のあいだに区別を設けることなのです。

正義感覚を説明するためにわれわれが『正当化の理論』で提示した諸々の〈シテ〉（と世界）のモデルは、善への言及がもたらす諸問題の処理を指向する装置の良い例となっています。このような装置は実際、その全体が、調和のとれた世界を可能にするように構築されています。そうした世界においては、善のさまざまな形態のあいだにつねに存在しうる矛盾――マックス・ヴェーバーが「神々の闘争」を語ったときに主題としたもの——が考慮されるものの、人々の相異なる主張が暴力（のみ）によって解決されることはないのです。善（や理想）のさまざまな形態は、解決不能のジレンマを引き起こすことなしには、同時に、そして同じ状況では実現しえないものです。しかし複合社会においては（そしてひょっとしたらあらゆる社会においては）、これらの形態が正統なものとして再認されています。このことに鑑みるならば、これらの諸々の善を、（たとえば、ジョルジュ・デュビー[24]が利用しているような、G・デュメジルの三機能モデルにおける）個人のさまざまな類型に結びつけることは解決にはなりません。その上、共通の人間性の再認を危機に陥れる、カースト制社会がその限界となります。そうではなく解決は、諸々の善を、ある特定の種類の世界との関連において可能な限り同質となるよう組織された状況の、さまざまな類型に結びつけることにあるのです。

　これらの状況のいずれにおいても、その善（あるいは、『正当化の理論』の語彙を再び用いるならば、「偉大さ」）の形態を称揚することが可能なのです。善の形態は、人々が自分たちの行為によってこれを例証するとき、人々の実行によりその状況において顕示されます。こうした称揚は、他の状況において例証される、別の善の表出を遠ざけつつ行われます。また、正当なものの問題をめぐる論争が展開されることもありえます。しかしそうした論争は、特定の偉大さの原理と、種別的な試練の手段に準拠することによって処理されるでしょう。そうすることで、善の全形態が同時に現れた場合に不可避的に必要となるであろうと考えられる、暴力の使用が避けられるのです。

諸々の善への言及から出発する場合には、また批判という別の可能性も存在します。批判は、その根本的形態においては、その状況において再認された善の妥当性に異議を唱えるものです——他の可能な善の形態を、これと対立させることによって。そのとき、善はこれらの形態と矛盾するものとなります。このようなコンフリクトは、外部の善を指向しうるものすべてを遠ざけることでその状況を浄化するか、あるいは反対に、さまざまな善のあいだに現実的な妥協を作り上げることで解決できます。妥協は、さまざまな善の類型間の矛盾を解消することなく（これらのさまざまな善を序列化することを可能にする同等性の原理が登録されているような上位の善は存在しません）、これらの矛盾を緩和することを、あるいは黙認することを可能にするのです。一言付け加えておけば、諸々の善に力点をおくこの種の装置は、とりわけ公的問題の処理に、一般的には、一般性と正統性の要求が課せられる、多くの場合公式の性格を有した状況に適合しているように思われます。

しかしながら、われわれの最新の研究の対象となった分野において、われわれはまったく異なる典型例に直面しました。われわれが抽出した矛盾は、諸存在を異なる諸状況に配分することによってでは解消されえないのです。これらの状況間では、相互に緊張関係にあるさまざまな制約が配分され、それらのおのおのがひとつの善として現前します（そして妥協という解決自体、不可逆的な過程に直面するゆえに、困難であるか不可能であるかです）。この種の典型例に直面したとき、矛盾の緩和を目指す努力は別の道をたどるでしょう。この努力は（諸々の）善の問題を脇に置き、（諸々の）悪の問題に集中するでしょう。なぜならこの種の事例においては、堅固に確立された善を公然と引き合いに出しうるような、矛盾解決の方法が存在しないからなのです。したがってその操作は、「最小悪の論理」に言及することで行為の方針を決定するよう、悪のさまざまな表出を序列化することになるでしょう。しかし悪は、たとえそれが避けることを可能にする別の悪よりましなものと見なされるとしても、やはり悪であることに変わりはありません。

それゆえ、善についてそうするように、このような悪を公然と引き合いに出すことは難しいのです。善を指向する行為が正当化の要求に直面するのに対し、最小悪の論理によって導かれる行為は弁解しか提供することができません。ところで弁解は、正当化とは違って正統性を求めるのではなく、むしろ（酌量されるべき）状況が、正統な行為の枠に収まることを許さないものだったことを強調するのです。その結果、最小悪への言及が優勢であるような諸契機は、公的領域に露出することを可能な限り逃れる傾向を有します。たしかにそれについて語ることは可能ですが、それは私的な、非公式な関係において、あるいはまた制度上の秘密に守られた状況において、引き合いに出された弁解を理解し、受容しうる人物に対して語られるのです。なぜなら通常は、この人物自身も同じジレンマにとらえられたことがあり、そのような問題に直面した場合、最小悪を選ぶ以外に、直面する矛盾を緩和しうる解決策が存在しないことを知っているからです。

しかし、最小悪の論理によって実行された諸行為の諸々の動機を公にすることは難しいということは、これらの動機が行為した者によって知られないという意味ではないし、それらが「無意識の」次元に属するという意味でもありません。公的な正当化が優勢であり、透明なものとして現前する状況を、最小悪の論理が働く、より多くの不明瞭さを定められた状況から区別するには、幻想という重厚長大な機械装置に訴えるには及びません。このように、その否定的な性格とともに暗々裏に黙認された現実の諸要素は、無意識の深淵に完全に抑圧されることも拒絶されることもないのです。たとえ、ひとがそれらをできるだけ遠ざけようとする傾向にあるとしても、あるいはアーヴィング・ゴッフマンの言葉を用いれば、あたかもとるに足らない偶発事であるかのように扱うことでそれらを「矮小化する」傾向にあるとしてもです[25]。悪は、たとえある別の悪に対して序列化されたとしても、やはりひとつの悪です。よって人々は、これをあまりに長く注視するのを避ける傾向にあり、『正当化の理論』で敷衍された概念を再び用いるなら、これに目をつぶる傾向にあるのです。

【注】

1 Bernard Yack, *The Longing for Total Revolution. Philosophic Sources of Social Discontent from Rousseau to Marx and Nietzsche*, Princeton, Princeton UP., 1986 et Luc Boltanski, «The left after may 1968 and the Longing for Total Revolution», Thesis Eleven, no 69, may 2002, pp. 1-20.

2 Luc Boltanski, «Néssité et justification», Revue éonomique, vol. 53, no 2, mars 2002, pp. 275-289.

3 Laurent Thévenot, «Les investissements de forme», in Conventions économiques. Cahiers du centre d'études de l'emploi,Paris, PUF, 1985, pp. 21-72.

4 一八世紀に「事件という形式」が確立された歴史については、Elisabeth Claverie, «La naissance d'une forme politique: l'affaire du chevalier de La Barre», in Philippe Roussin (éd.), Critique et affaires de blasphème à l'époque des Lumiéres, Paris, Honoré Champion, 1998 を参照。

5 Luc Boltanski, *Les cadres. La formation d'un groupe social*, Paris, Minuit, 1982.

6 Luc Boltanski, Laurent Thévenot, «Finding one's way in social space: a study based on games», *Social Science Information*, vol. 22, no 4-5, pp. 631-680.

7 とりわけ、情報の非対称性がもたらす効果を分析に導入することによって。たとえば、G. Akerlof, *An Economic Theorist's Book of Tales*, Cambridge, Cambridge UP, 1984 を参照。

8 行為の文法の観念と文法的誤りの観念は、特に Cyril Lemieux により *Mauvaise presse*, Paris Métailié, 1998 で敷衍されている。

9 われわれはここでは特に、チュニジアのある村の正義感覚に関するモハメッド・ナシの研究、中国の農村における口論に関するイザベル・ティローの研究、オリヴィエ・ボビノーの博士論文おける、フランス東部の一教区とババリアの一教区において準拠されている世界の比較（ババリアの場合、共同体への執着が見られる）、そしてむろん、ローラン・テヴノーとミッシェル・ラモンの率いるチームによって実施されたフランスと米国の比較研究を参照している。

10 パオロ・ヴィルノは、アリストテレス的範疇の時間の側面を修正するためソシュールの範疇を用いているが、ここでこの方法をとりあげておく。行為態 acte が「現前、すなわち現在に一致する」、よって行為態が「つねに時間のなかに転落する」ならば、潜在性とは行為態の状態 état を指す。この状態は、時間性を免れるどころか、〈まだ現在ではないもの〉として、つまりパオロ・ヴィルノが言うように、「ほとんど現在」として行為態を構成するものである。一方、権能力は、潜在性とは異なり、「時間のうちに転落せず」、よって、つねに「今ではない」ようなものとなる。そこで権能力は、「不定で、属的で、無形であり、よって潜在的行為態とは根本的に異なるものとして」現れる。「なぜならそれは、部分なきひとつの全体だからである」。そこで権能力は「非現在化的なもの inacualisable」となり、それゆえ「行為態は権能力に手をつけないという単純な理由から、行為態は権能力を枯渇させることがない」(Paolo Virno, *Le souvenir du présent. Essai sur le temps historique*, Paris, Editions de l' Éclat, 1999 - traduction de M. Valensi, pp.74- 86)。比較研究の企ては、異なる社会的諸文脈とプラグマチックな諸状況において実現された行為態から出発することで、権能力を探求することを目的とする。目標は、潜在性のさまざまな領域を明確化しモデル化することである。この研究の本質は、行為態の資料体作成という経験的な作業から、潜在性の領域のモデル化へ赴くことにある。しかし、人間の条件が固有性をもつ以上、この条件と一体化したさまざまな権能力が存在するという公理を欠くならば、比較研究の企ては、それだけではいかなる根拠も持ちえないであろう。

11 これは、Luc Boltanski, *L'amour et la justice comme compétences*, Paris, Métailié, 1990 特に seconde partie: « Agapè. Une introduction aux états de paix» で述べられている。

12 ナタリー・エニックが示したように(特に、*Ce que l'art fait à la sociologie*, Paris, Minuit, 1998 を参照)。

13 Hannah Arendt, *Essai sur la révolution*, Paris, Gallimard, 1967, pp. 82-165.

14 Adam Smith, *Théorie des sentiments moraux, Plan-de-la-Tour* (Var), Editions d'aujourd'hui, 1982 (reproduction de l'édition Guillaumin de 1860; première édition: 1759).

15 Luc Boltanski, avec Damien Cartron, Marie-Noël Godet, «Messages d'amour sur le téléphone du dimanche», Politix, 1997.

16 Bernard Lepetit (éd.), *Les formes de l'expérience. Une nouvelle histoire sociale*, Paris, Albin Michel, 1995.

17 Thomas Kuhn, *La structure des révolutions scientifiques*, Paris, Flammarion, 1993 (première édition: 1962).

18 Luc Boltanski (avec la collaboration, pour l'enquête, de Marie-Noël Godet, Susana Bleil et Valérie 18 Pihet), *La condition fœtale* (à paraître en 2004). 19 Saul Kripke, *La logique des noms propres*, Paris, Minuit, 1982.

20 人々が自分たちの実践について行う解釈の分析と、これらの実践の文法を作成することを目指す構成主義的手続きとの往復運動については、Jocelyn Benoist, Bruno Karsenti (sous la direction de), *Phénoménologie et sociologie*, Paris,PUF, 2001（特に、ダニー・トロンの論文《Comment décrire un objet disputé ?》, pp. 65-82）を参照。

21 特に、L. Festinger, H. W. Riecken, S. Schachter, *When Prophecy Fails*, Mineapolis, Univ. of Minnesota Press, 1956. また、一九三〇～五〇年代におけるアメリカの社会心理学の概観については、次の優れた論文集を参照：Eleanor Maccoby,Theodor Newcomb, Eugene Hartley, *Readings in Social Psychology*, New York, Holt, Rinehart and Winston,1958 (troisième édition) この本には、「認知的不協和」の理論を要約した形で述べたL・フェスティンガーの論文が含まれている。

22 アーヴィング・ゴッフマンのすべての著作、特に *La mise en scéne de la vie quotidienne*, Paris, Minuit, 1973.

23 周知のように、C・レヴィ＝ストロースにとっての神話は、特に矛盾の各極のあいだに中間的カテゴリーを挿入する漸進的媒介によって、矛盾を解消するための論理的モデルを提供すべきものである。C. Lévi-Strauss, *Mythologiques,IV. L'homme nu*, Paris, Plon, 1973（特に《final》, p.562).

24 Georges Duby, *Les trois ordres ou l'imaginaire du féodalisme*, Paris, Gallimard, 1978.10.

25 この場合、E・ゴッフマンが *Les cadres de l'expérience* (Paris, Minuit, 1991, pp.108-111) で与えている意味での「保護的策略」について語ることができるだろう。

ボルタンスキー主要著書

❶ *Les cadres : La formation d'un groupe social*, Paris, éditions de Minuit, 1982, 528p
❷ *L'Amour et la justice comme compétences. Trois essais de sociologie de l'action*, Paris, Métaillé, 1990, 382p
❸ *De la justification. Les économies de la grandeur*, avec Laurent Thévenot, Paris, Gallimard, 1991, 483p （三浦直希訳『正当化の理論』新曜社、年）
❹ *La souffrance à distance. Morale humanitaire, médias et politique*, Paris, Métailié, 1993, 288p ; 2e éd. avec une nouvelle postface et un nouveau chapitre: « La Présence Des Absents »), Gallimard, coll. « Folio essais », Paris, 2007
❺ *Le nouvel esprit du capitalisme,* avec Ève Chiapello, Paris, Gallimard, coll. « NRF essais », 1999, 844p（三浦直希 / 海老塚明 / 川野英二 / 白鳥義彦 / 須田文明 / 立見 / 淳哉訳『資本主義の新たな精神』上下、ナカニシヤ出版、2013 年）
❻ *La Condition fœtale. Une sociologie de l'avortement et de l'engendrement*, (avec la collaboration, pour l'enquête, de Marie-Noël Godet, Susana Bleil et Valérie 18 Pihet) ,Gallimard, coll. « NRF essais », 2004, 432p（小田切祐詞訳『胎児の条件』法政大学出版局、2018 年）

本書は以上の著作について論じられている。
その後の主要著作は、

❼ *De la critique. Précis de sociologie de l'émancipation*, Paris, Gallimard, coll. « NRF essais », 2009, 312p
❽ *Énigmes et complots : Une enquête à propos d'enquêtes*, Paris, Gallimard, coll. « NRF essais », 2012, 462p
❾ *Enrichissement. Une critique de la marchandise*, avec Arnaud Esquerre, Paris, Gallimard, coll. « NRF essais », 2017, 672p

L・ボルタンスキー『偉大さのエコノミーと愛』三浦直希訳、EHESC 出版局、2011 年）

Susen, Shimon & Turner, Bryan S., (eds.), *The Sprit of Luc Boltanski; Essays on the 'Pragmatic Sociology of Critique'*, Anthem Press, 2014. 851p は、29 本の論考からなるボルタンスキー論集。

その他の著、論稿

· Pierre Bourdieu (dir.), Robert Castel (dir.), Luc Boltanski et Jean-Claude Chamboredon (préf. Philippe de Vendeuvre), *Un art moyen : Essai sur les usages sociaux de la photographie*, Paris, Minuit, coll. « Le Sens commun », 1965, 368 p.
· *Le Bonheur suisse : d'après une enquête réalisée par Isac Chiva, Ariane Deluz, Nathalie Stern*, Paris, Minuit, coll. « Le Sens commun », 1966, 212 p.Prime éducation et morale de classe, Paris, EHESS, 1969
· *Prime éducation et morale de classe*, 1977, Walter de Gruyter; Reprint 2018 ed. édition, 152p
· *Justesse et justice dans le travail*, codirection avec Laurent Thévenot, Cahiers du Centre d'études de l'emploi, Paris, Presses universitaires de France, no 33, 1989
· *Affaires, scandales et grandes causes. De Socrate à Pinochet*, avec Élisabeth Claverie, Nicolas Offenstadt et Stéphane Van Damme, Paris, Stock, 2007
· *La Production de l'idéologie dominante*, avec Pierre Bourdieu, Paris, Demopolis, 2008, 176p (réédition d'un article publié en 1976 dans la revue *Actes de la recherche en sciences sociales*)
· *Rendre la réalité inacceptable*, Paris, Demopolis, 2008, 188p（論文集）
· *Vers l'extrême. Extension des domaines de la droite*, avec Arnaud Esquerre, Bellevaux, éd. Dehors, 2014, 80p
· *Domination et émancipation. Pour un renouveau de la critique sociale*, dialogue avec Nancy Fraser, présenté par Philippe Corcuff, Lyon, Presses Universitaires de Lyon, coll. « Grands débats : Mode d'emploi », 2014, 76p

· « Un individualisme sans liberté ? Vers une approche pragmatique de la domination », en collaboration avec Philippe Corcuff, in P. Corcuff, C. Le Bart et F. de Singly (éds.), *L'individu aujourd'hui. Débats sociologiques et contrepoints philosophiques*, Rennes, Presses universitaires de Rennes, coll. « Res Publica », p. 339-348
· « Pourquoi ne se révolte-t-on pas ? Pourquoi se révolte-t-on ? » , *Contretemps*, septembre 2013
· « La « collection », une forme neuve du capitalisme. La mise en valeur économique du passé et ses effets », avec Arnaud Esquerre, *Les Temps Modernes*, 3/2014 (n°679), p. 5-72
· « L'énigmatique réalité des prix », avec Arnaud Esquerre, *Sociologie*, Janvier 2016, vol. 7, p. 41-58

ボルタンスキーを読もう
第一線の知性から自分を考えること

山本哲士

資本主義は「真正の原理」をもっていない、ゆえ、よそからそれをとりこんで存続していく。「価値は価格を正当化するものだ」など、既存の批判理論にある者には、衝撃的な明証指摘がボルタンスキーから次々となされてくる。海外の企業リーダーたちは、ボルタンスキーをかなり読んでいるのもマネジメントの手引きになるからだ。まだ、フーコーやブルデューの理論領有に格闘しているときであった（1997年）。パリの書店で、ボルタンスキーの書にであう。正直馴染みのないタイトルに異和を感じつつ、パラパラとページをめくって拾い読みしてみると、直観が強烈な刺激に襲われた。❷❸❹を買い込んでカフェで読む。分厚い、しかも非常に詳細な論述に、「難しい」という実感とまったく異質な言説理論に、新たな可能性を感じとった。これはもう、会って話を聞くしかないと、帰国し、手紙を書き、インタビューしたいむねを申し込む。快諾してくれた。それが、一番目の稿である。ブルデューのUn art moyenの協働者として名を知っていたが、もう彼はパリの社会科学高等研究院EHESSで中心人物であった。EHESSの何人もの研究ディレクターたちと交通したが、彼の考察がずば抜けている。わたしの高等研究所作りにも非常に好意的に柔軟に協力してくれ続けている。フランス語が抜群にできる三浦直希氏に難しい邦訳をお願いし、新曜社の堀江洪社長に何よりも『正当化について』❸を出版する承諾をとり三浦氏へ訳を依頼した。近年、ようやく若い人たちが、この詳細で分厚い書の困難な訳に挑戦して、ボルタンスキー理解を進めている。もう、彼は、社会学者としてナンバーワンと言える位置にいるが、その了解的な領有はまだ十分になされえていないのも（勘違いで当事者たちの現実肯定へと還元されがち）、批判理論の質が、彼以前のものとまったく異なる理論言説の地平にあるからだ。わたしは、何度も彼に直接質問や議論を浴びせながら了解へのせていくのを試みた。

問題設定は二つあった。批判理論の限界である。

学校批判、病院批判を自分でなしながら、その制度編制の転倒を明るみに出したところで、人は学校へいき、病院へ行き続ける。その実際行為はどう解いていけばいいのか?!

「〜されている」という受け身ではなく、「〜を可能にする」パワー関係にあるとフーコー的に切り替えたとき、制度規範を受け入れてポジティブに行為している自発的従属は、規範化を錯認している、偽りの見せかけに陥っていると批判している仕方では説明しきれない、つまり行為者は自分が関与し自分が提示した問題に対して自分で自分を他者との関係で規範や規則を考慮しながら位置付けている能力を遂行している、その閾をどう考えたならいいのか。マルクス主義を脱したラディカルな批判理論は当事者の実際行為《プラチック》を対象設定しえているが、不十分。

ブルデューのプラチック論は、実際行為していることそれ自体が論理的でありながら、それを当事者が知らないでなしている、その対象化／客観化であるが、外部から「あんたは自由の幻想に囚われているんだよ」という高みの社会学者の言説であって、ボルタンスキーは、それは奇妙なロジックであると批判し、行為者自身がなしている能力の遂行をそれ自体として客観化する。つまり、物事において道徳判断をしているそこに批判的判断が同時になされている、そのあり方を個々の状況のなかで、古典に凝集された考え、事物や自然要因の配置をも考慮に入れて明証にしていく。これはわかるようでなかなかわからない。しかも古典的な社会学（デュルケームやモース）に立脚しながら、未踏であった閾へ論理を開いているゆえ、多くの人たちは退行的な理解をしてすませてしまう。さらに、図式的・形式的な還元にさえ見えてしまうのは、二項対立的な識別から考察していくからだが、しかし彼の理論はそんな単純なものではない。つまり、私たち自身が、複雑なプラチック言動をなしている、その総体を種別的対象から明らかにしているからだ。一般理論化を小児病だとみなす彼は、普遍的な理論生産をしない、にもかかわらず既存理論への批判が徹底してしっかりしている。ようやく二〇〇九年に『批判について』❼を書いたが、正直、彼の理論界は彼自身の理論対象化よりも先に開かれているという実感の方が、わたしには強い。（❾などマルクス『資本論』の限界をプラグマチック理論から完全に転じている。）そこを把捉したいがため、あえてわたしは何度も西田場所論／述語論を彼にぶつけ、その彼自身による感取から何事かを掴みたいと交通してきた。

ボルタンスキーの「意味されたもの＝シニフィエ」は、図式化できる。

同等性の原理がクリテリアにされて、そこから対照的に序列化・階層化が設定されるのだが、これは、同一性と差異性というフーコーらの形而上的な識別ではない。プラチック（実際的）なしかたとしてである。

次に、論争 dispute（口論、言い争い、口喧嘩、衝突など含む）モデルと平和のモデルとが批判基準に配置される。同等性が活性化されたもの（正義）と活性化されていないもの（愛）である。そこに、「試練」を通じて調停や合一、「妥協」などへいたる過程が設定される。これは、対立・混沌と調和・安定との対比ではない。単なる合意形成でもない、レジーム間の移行＝通道の仮定的な設定となっていく。規範の一つだけに依拠していないで移動する。

それが、正義と愛との対比になるが、行為者の能力の遂行としてであるが、批判と合意の対立を超える、「正当化」において行為者が依拠する規範形成的なモデルの設定である。だが、規範モデルへ還元はしない。

これら三つの次元ないし水準が違う対比面がある。だが、ボルタンスキーは理論的統合を拒否しているため、それぞれ種別的領域での物事となり、相互関係があるようで無く、無いようで在る。いわば、三様の pratique（実際行為）面があると見てよいのだが、目的意識的な実践《プラクシス》や遂行《パフォーマンス》と分離はできない水準に行為論が開かれている。

その上で、規範型／規範秩序として、相互還元できない規範形成的モデルが。かなり画定的に叙述設定される。

同等性の原理からは、六つのシテ（これも英語では「City』と訳され「都市」とされたり、邦訳では「市民体」などと見当違いで誤認される）が静態的に配置され、動態的に七つへ変容される。この七つは「資本主義の精神」において再配置されるものになった。だが、主要には六〇年代マネジメント（産業的シテ）と九〇年代マネジメント（プロジェクト型のシテ）との対比である。（シニフィエされてきたものを類別化し、シニフィアン作用を出現させた。）

同等性が活性化される「論争レジーム」に対して、「平和レジーム」は、「ルーティンのモデル」と同等性を遠ざける愛のレジームである。そして、愛のレジームから正義へのレジームへの移行過程が設定される（たとえば、愛が喪失すると正義による正当化が口論される）。

正義感覚は論争のうちに現れ、正義感覚を導く批判モデル（よりどころのシテ）を探し、論争から抜け出す可能性を探す「試練」を自らに課して、調停したり別離したりして、暴力になるのを排していく。

つまり、三様の水準面は、相互関係していくのだが、これはただ相互行為論ではない。またわからなくなる。だがこうした意味されたものの整理了解は、その理論作用の行為の意味するもの《シニフィアン》の客観化ではない。ただの「わかったつもり」の大学人知性でしかない。

つまり、何をボルタンスキーは配備しているかというと、わたしの言い方では〈述語シニフィアン〉を理論作用させているのだ。しかも〈場所〉において。この場所とは、シテ・モデルが具体プラチックにおいて選択・発動される述語的プラチックの場所である。そこに、異なった偉大さを領有する行為者が、正当化を働かせて、暴力を回避しながら規範秩序の序列化の平定をなしていく。「偉大さ」とは、シニフィエされた規範型がシニフィアンしていくときに発動されるものだ。シテとして制約規制を働かせているシテ・シニフィアンである。「共通の人間性を求める制約」と「序列化を求める制約」との操作において、モデルを決定的に結びつけないこと、「共通の尊厳」によって犠牲をなすこと、「共通善」を見出してなしていくこと、の規制条件を働かせる。それは〈シテ〉の場所に「事物」を置いて、適切なものと適切でないものとを選別しながら、批判と正当化とを循環させている実際行為である。規範は、偽りの見せかけ、虚偽、錯覚ではない、原理として作用している。これを彼は「現実性の試練」とし、既存秩序を守る「真理の試練」と制度化を批判する「存在的試練」と区別し、解放への試練を探る。

個々人の「行為」のプラグマチックな仕方は、理論の一般化を嫌うボルタンスキーに反して強引に配置すると左図のようなものとして、個人の省察／判断によって総体的になされていると言えよう。「価格を正当化する装置」dispositif de justification du prix として価値を定義的に設定するのもここからなされ、メタ批判社会学とプラグマチック批判社会学との相反性からわれわれは考えていける。また「シテ」は日本の場所においては同一な特徴にはならないゆえ、新たに見出していかねばならない。（わたしは本質的・神話的・言語的に「述語的シテ」を規準設定して考える。）

メタ批判理論は無効ではない、その不十分さが行為者の実際行為の把捉においてプラグマチックにかつメタ・プラグマチックに探究されたボルタンスキーをもって深めていくことが肝要だ。人間の行為は、また経済も政治も、利害関係と力関係だけでなされているわけではない。真理の試練、現実の試練、存在の試練、批判の疎外の試練をもって、諸矛盾をある次元へと解放していく実際行為を、己がことを知るべく、ボルタンスキーを読み考えていける。資本主義は真正の原理を有していないがため、他からそれをどんどん吸収していく、無いゆえに強い、等など。すると、批判はどこにどう作用していくことで意味を有していくのか。自分を棚に上げての知識主義には縁を切ること――。

　わたしは述語的場所として、諸々のシテと実際行為とを配置して経済アクトや制度アクト、さらには政治的実践も考えていくが、ボルタンスキーほど重要な考察は他にないとして、いずれもっと明証に論じたい。（アクト actes とは制度化・規範化された行為である。）

　読者諸氏は、ともかく自身で、邦訳でいい（また邦訳が求められるのもあまりに細かい物事を原書で読むのはきつい。大変な労力を要するが、ただ「シテ」にわかったつもりの訳あてはめはやめてほしい）、誰でも、ボルタンスキーを読みながら自分の行為を考えていける。様々な機関のマネジメントに活用できる。大学で身に付けた多くの知ったかぶりの批判理論効果（相手や対象を否定すればまた判断停止すれば、客観的で知的で物事をわかっているつもりになる仕方）から脱して自己技術を磨けよう。本書はそのほんの手がかりであるが、基本の要点は掴めよう。

action 理論の概要

リュック・ボルタンスキー (Luc Boltanski)

1940年1月4日生まれ。

1970年、社会科学高等研究院 EHESC のアシスタント講師となり、ブルデューの若手グループの1員として、Actes de la recherche en sciences sociales 研究誌の創設に参画したが、1980年、Actes と契約破棄し、ブルデュー社会学と離れ、フランス社会学の新プラグマチック学派のリーダーとして「政治的・道徳的社会学集団」GSPM を1984年に創設。EHESS のディレクターとして研究活動を遂行。

メタ批判理論は、外部から観ているだけで、行為者が理性を批判的に働かせて正当化をもって合意・調整している能力を有している、人間は利害関係や力関係だけで生きていないと、新たなプラグマチック社会学を構築しはじめ、告発、正義、愛、遠くの苦しみ、情動、といった人間行為を「シテ」なる固有の概念をもって規範型に構築し、「資本主義の新たな精神」はマネジメントを解析、ヴェーバーを超える現代資本主義論と言えよう。さらに妊娠・中絶の生命的な判断、また「豊かであること」における「物」の配置や商品の価格・価値化など、考えられえていなかった実際行為を明証に抽出して、まったく新たな理論世界を開いてきた。世界をリーディングする第一線の社会学者である。著名な画家、クリスチャン・ボルタンスキーは弟である。

知の新書 006

リュック・ボルタンスキー

道徳的判断のしかた 告発/正義/愛/苦しみと資本主義の精神

発行日　2021年6月20日　初版一刷発行
発行所　㈱文化科学高等研究院出版局
東京都港区高輪 4-10-31　品川 PR-530 号
郵便番号　108-0074
TEL 03-3580-7784　FAX 03-5730-6084
ホームページ　ehescbook.com

印刷・製本　中央精版印刷

ISBN 978-4-910131-14-6
C1210